피해자학 강의

차 례
Contents

03피해자의 재발견 08피해자학이란 무엇인가 25피해자와 범죄는 어떤 관련이 있는가 36피해자는 어떤 권리를 갖는가 61피해자는 무엇을 원하는가 67피해자의 회복을 위한 노력 84종합적인 피해자대책을 위해

피해자의 재발견

범죄자의 권리

사람은 살아가면서 다투기도 하고 사고를 겪기도 한다. 서로의 이해관계가 얽혀 타협이 이루어지지 않으면 사람들은 소송을 통해 시비를 가린다. 소송이란 원고와 피고의 공격과 방어에 대해 제3자의 위치에 있는 법원이 판단을 내리는 절차이다. 여기에는 민사소송, 형사소송, 행정소송, 헌법소원이 있다.

민사소송은 개인 사이에 일어나는 사법상의 권리나 법률관계에 대한 다툼을 법원이 국가의 재판권에 의해 법률적으로 또는 강제적으로 해결하기 위한 절차이다. 오늘날과 같은 사법제도가 갖춰지지 않은 옛날에는 개인의 권리 침해에 대한 해결

방법을 권리자 자신이 스스로 마련해야 했다. 그러나 이는 강자에게만 유리하고 약자에게는 불리할 뿐 아니라 그로 인한 사회적 불안을 가져왔다. 따라서 근대 국가는 사회질서를 유지하기 위해 자력구제를 인정하지 않는다. 대신 국가기관인 법원이 개인의 권리보호를 담당하면서 민사소송의 체계를 갖추게 되었다. 행정소송은 행정기관의 부당한 행위로 인해 권익을 침해당했을 때 행정기관이나 법원에 그에 대한 시정이나 손해보전을 구하는 절차이다. 헌법소원 또는 헌법소원심판청구는 헌법정신에 위배된 법률에 의해 기본권의 침해를 받은 사람이 직접 헌법재판소에 구제를 청구하여 그 법률의 효력을 다투는 절차이다. 마지막으로 형사소송은 범죄를 저지른 사람에게 형벌을 과하는 절차이다.

범죄가 발생한 경우 그 범죄를 저지른 사람을 발견하고 죄의 증거를 찾고 혐의를 밝히기 위한 수사가 진행된다. 만약 범죄 혐의가 있다고 인정되면 법원에서 죄의 사실을 놓고 따지며, 유죄판결이 확정되면 형의 선고, 형의 집행의 순서로 형사절차가 진행된다.

기본적으로 수사와 재판은 인권 침해의 문제가 따른다. 그래서 헌법은 누구든지 법률에 의하지 않고는 체포, 구속, 압수, 수색 또는 심문을 받지 않으며 법률과 적법한 절차에 따라 처벌을 할 수 있다고 규정하고 있다(제12조 제1항).

형사사건에서 검사에 의해 형사책임을 져야 할 자로 공소가 제기된 자, 또는 공소가 제기된 자로 취급되는 자를 피고인이라 한다. 피고인은 법원, 검사와 함께 소송의 주체이다. 피고인은 자기를 방어하기 위해 변호인을 선임할 수 있으며, 증거조사청구권·증거신청권·증인신문권·감정인신문권·기피신청권·상소권 등을 가질 뿐 아니라, 진술을 거부할 권리를 가진다. 또한 무죄추정의 원칙에 따라 재판이 확정될 때까지는 일단 범인이 아닌 자로 대우받아야 한다.

형의 확정판결을 받고 교정시설에 수용 중인 수형자도 교정처우를 통해 재사회화될 수 있다면 다시 범죄를 저지를 가능성이 줄어든다. 이 때문에 수형자의 처우는 자유박탈의 여부를 불문하고 인간의 존엄성을 해하지 않는 범위 내에서 꾀하도록 하고 있다. 법 앞의 평등이라는 헌법의 기본이념에 따라 법의 불평등한 적용과 불합리한 차별을 금지하고, 구금처우의 과정에서 일어날 수 있는 인권침해를 방지하여 수형자 권리를 보호하고 있다.

피해자의 재발견

형사절차는 형사소추(검사가 피고인을 기소하여 그 형사 책임을 추궁하는 일) 권한 등을 독점하는 국가권력에 비해 약한 위치에 있는 범죄자, 피의자, 피고인의 인권을 보호하면서 형사사법의 발동에 의해 정의 실현을 꾀하는 것에 관심이 집중되었다.[1] 그와 같은 상황에서 범죄피해자의 인권은 이차적인 문제였다.

일반적으로 범죄가 발생하면 항상 그 피해자가 있음에도 불구하고 피해자를 문제 삼는 것은 예외적인 일로 생각되었다. 그러나 피해자의 취급, 특히 성범죄 피해자의 취급에 대한 절차상 배려가 결여되어 있던 형사사법에 대해 비판이 가해지면서 그에 적절하게 대응해야 한다는 생각이 자리 잡기 시작했다. 이에 따라 형사사법 실무 운용상 요구되는 범죄피해자들의 권리를 찾게 되었고, 이어서 이를 위한 법적 근거가 형사입법의 형태로 규정되었다.

범죄연구도 마찬가지였다. 이전까지는 왜 범죄를 저지르는가, 처벌의 근거는 무엇인가, 범죄자의 인권은 어떻게 보호해야 하는가 등이 범죄연구의 주된 관심거리였다. 그에 따라 형사사법 제도의 개선, 사회적 교정의 방법, 갱생보호 등을 어떻게 실현할 것인지에 대한 논의가 활발했다. 반면 가장 소홀히 다뤄지는 분야 중 하나가 바로 범죄의 공격을 받는 개인, 가정, 기업 등 범죄피해자에 대한 연구였다.

그러나 범죄 해결방안을 찾던 사람들의 관심은 서서히, 어쩌면 우연히 피해자 쪽으로 향해 가고 있다. 완전히 배제되어 왔던 한 쌍의 나머지 반이라는 이유로 피해자가 중요한 연구대상이 될 수 있다고 생각한 것이다. 자신을 피해자학자라고 여겼던 초기의 학자들은 범죄자와 피해자 사이에 강한 대인적 관계가 있다는 것을 발견했고(Mendelsohn, 1956), 어린이·노인·이민자·정신적으로 또는 신체적으로 온전치 못한 자 등 특정한 집단의 사람들에서 나타나는 피해의 취약성에 관심을 가졌고(von Hentig, 1948), 살인범죄에 있어서 피해자의 책임을 관찰했다(Wolfgang, 1958).[2] 이로 인해 그 전까지 간과되었던 피해자에 대한 관심이 생겨났으며, 형사절차를 비롯하여 전반적인 사법제도에서 피해자의 지위가 논의되기 시작했다.

피해자학^{이란 무엇인가}

오늘날 범죄피해자에 대한 연구의 필요성과 가치에 관해서 의문을 제기하는 사람은 거의 없다. 그러나 피해자를 연구대상으로 하는 학문으로서 피해자학(被害者學, Victimology)이 자리 잡게 되자 이 분야의 연구범위가 어디까지인가에 관해서 여러 생각이 엇갈린다.

피해자학에서 다루는 피해자 범위를 범죄피해자에 한정하자는 주장도 있고, 법적인 문제를 떠나서 사고, 천재지변, 전쟁, 기아, 집단 대학살 등으로 인해 피해를 입은 사람을 모두 피해자로 다뤄야 한다는 주장도 있다. 피해자의 범위에 대한 물음은 피해자학의 개념에 대한 질문으로 이어지며, 이는 피해자학의 정체성과도 연결된다.

피해자학의 정체성

피해자학이 다른 학문의 영역, 특히 형사정책에서 갖는 의미는 범죄피해자를 배제하고는 온전한 범죄대책을 세울 수 없다는 인식에 있다. 이에 따라 피해자학 연구대상은 피해, 피해자, 피해자대책을 들 수 있다. 또한 피해자학의 주된 연구분야는 범죄피해자와 잠재적 피해자 및 피해 취약요인 등에 대한 과학적 연구, 범죄에 있어서 피해자 역할과 양형에서 피해자 책임, 형사절차에서 피해자의 참여 및 지위향상을 위한 방안, 피해자에 대한 치료와 피해회복, 피해자의 권익보호 등을 꼽을 수 있다. 이러한 피해자학 연구 성과는 형사입법과 실정형법의 해석과 적용의 기준이 된다.

피해자학과 관련된 학문으로는 일반적으로 범죄학, 형사정책학, 형법학을 이야기한다. 범죄학은 주로 범죄현상과 원인에 관해 탐구하며 범죄방지대책을 강구하기 위한 사실적 기초를 제공한다. 형사정책학은 범죄학의 연구 성과에 기초하여 범죄방지 이념에 기여할 합리적 범죄대책을 모색하고 기존 형벌체계의 효과와 문제점을 연구대상으로 한다. 형법학은 형사정책 목표에 맞추어 정립된 실정형법의 해석과 적용을 과제로 하는 규범과학이다.

실질적으로 피해자학의 연구대상이나 분야가 범죄학이나 형사정책학과 크게 다르지 않다. 따라서 피해자학의 대상을 실질적 범죄로 인한 피해로 한정한다면 피해자학을 큰 틀의 형사정책학으로부터 독립된 별개의 학문으로 인정하기는 어려울 것이다. 그러나 피해자학은 범죄학이나 범죄대책론을 다루는 형사정책학과 함께 피해자대책을 강구하는 나름의 독자성이 있는 학문이라 하겠다.

그동안 범죄자의 처벌과 처우 개선, 범죄자 인권보호를 통해 형사사법의 정의를 추구했다면, 피해자학은 상대적으로 간과되었던 피해자 인권을 생각하자는 것이다. 바로 이 점에서 피해자학이라는 학문의 독자성을 찾을 수 있다.

오늘날 지식은 경계 허물기와 지식의 융합을 통한 새로운 패러다임으로 진화하고 있다. 분야별로 전문화된 개별 지식만으로는 현대 사회의 복잡하고 다층적인 문제를 해결하기가 어렵다. 피해자학 또한 다른 학문과의 유기적인 연계를 통한 학제 간 연구를 바탕으로 발전을 꾀해야 한다. 무엇보다도 법학, 특히 형법학은 피해자대책에 있어서 관련법의 내적 의미·통일성·적용 범위·허점 등을 연구해야 한다. 피해자의 인권과 관련해서는 형사법학의 관점 이외에 철학이나 인문사회과학의 관점에서도 살펴봐야 한다. 예를 들어 인권의 토대가 자연법인지, 자명한 것인지, 인간 욕구에 달린 것인지, 합의에 의한 것인지, 아니면 인권의 토대에 관한 질문은 불필요하거나 불가능하며 차라리 다른 인간의 고통에 대한 측은지심을 가지는 것만으로도 인권을 정당화할 수 있다고 할 것인지를 따져 봐야 하겠다. 한편 각 문화가 피해자의 인권을 어떻게 상이하게 해석하는지도 생각해야 한다. 정치학과 사회학은 철학적·법적 담론을 적절한 맥락 속에 위치시킨다. 예컨대 오늘날 피해자 인권이 왜 이토록 급부상했는지, 피해자 인권과 범죄자 인권은 어떻게 조화를 이룰 것인지 등을 묻는 것이 사회과학의 몫이라 할 것이다. 아울러 인권침해에 대한 법적 해결책을 곧바로 제시하기에 앞서 권력과 인권 간의 복잡한 관계를 분석하고 성찰할 수 있는 중간 단계 학문의 역할도 중요하다. 사회복지학이나 여성학 등이 여기에 속할 것이다.

피해란 무엇인가

사전적 의미의 피해는 생명이나 신체, 재산, 명예 따위에 손해를 입는 것을 말한다. 일반적으로 피해는 부정적인 이미지와 연결되며, 개인이나 집단 또는 어떠한 외부 세력에 의해서 야기된 바람직하지 않은 결과나 영향으로 생각된다.

사고 피해, 자연재해로부터의 피해, 차별대우와 같은 불공평한 행위로 인한 피해 등 일상생활에서 사람들은 피해라는 용어를 다양하게 사용한다. 그래서 피해의 개념을 명확하게 정하는 것은 쉽지 않다.

피해자학에서 주로 다루는 피해는 범죄피해이다. 범죄피해 또한 다양한 피해 중 하나에 불과하다. 유의해야 할 점은 범죄피해 역시 범죄를 어떻게 보는가에 따라 달라진다는 점이다.

행위가 아닌 범죄는 없다. 따라서 범죄를 논할 때에는 당연히 "범죄는 행위이다."라는 명제에서 출발한다. 그리고 여기서 문제 삼는 행위는 인간의 행위이다. 지진이나 홍수 등 자연현상이나 동물의 공격에 의해서도 형법상 구성요건(형법에서 형벌을 가하기 위해 전제되는 행위유형)의 결과가 발생할 수 있다. 그러나 이러한 침해는 인간의 과오가 결합되지 않는 한 형법의 심사대상에서 제외된다. 그래서 범죄를 저지른 범죄자(또는 행위자, 가해자)가 있으면 항상 그 상대방인 피해자가 있다.[3] 따라서 피해에 대한 개념을 정확하게 이해하기 위해서는 범죄의 실체 파악이 필요하다.

범죄 개념의 상대성

범죄란 사회에 유해한 것으로 평가되는 행위이다. 그러나 사회구조의 변화, 시민의식과 윤리관의 변화, 그에 따른 신종 범죄의 등장 등으로 범죄 개념은 상대적이다.

예컨대 국가마다 법률에 정한 구성요건이 다른 경우가 있다. 1920년대 미국은 술의 제조와 판매를 법으로 금지했다. 따라서 이때에는 술을 제조하거나 판매하는 행위는 범죄행위였다.[4] 그러나 당시 다른 나라에서는 술을 제조하거나 판매했다는 이유로 처벌하지 않았다.

행위의 동기나 목적에 따라 동일한 행위가 범죄가 되기도 하고 적법한 것이 되기도 한다. 전쟁 중에 군인이 적군을 사살하는 것은 적법행위이나 평화 시에는 경우가 다르다. 또한 일반적으로 다른 사람의 생명, 신체 등에 해를 끼치면 범죄이나 자기 또는 남에게 가해지는 급박하고 부당한 침해를 막기 위해 침해자에게 어쩔 수 없이 취하는 가해행위는 상당한 이유가 있는 때에는 벌하지 않는다(형법 제21조).

범죄는 행위자의 자격이나 직업에 따라 동일한 행위가 다르게 규정되기도 한다. 의사의 치료행위, 누드모델의 예술 활동 인정여부 등을 그 예로 들 수 있다. 애인의 변심에 화가 나서 길 가는 사람에게 칼부림하여 상처를 냈다면 상해죄에 해당하지만, 수술을 위해 환자의 배를 째는 의사의 '상해' 행위는 벌하지 않는다(형법 제20조). 미술 실기시간에 누드모델을 하는 행위는 예술 활동으로 인정되지만 날이 덥다 하여 공공장소에서 알몸으로 돌아다닌다면 문제가 달라진다.

과학기술의 발달에 따라 다시 규정되어야 할 새로운 유형의 범죄행위들이 계속해서 생겨난다. 컴퓨터 범죄나 환경범죄 등이 이에 해당한다. 반대로 그동안 범죄라 하여 처벌의 대상이었으나 시대의 변화에 따라 더 이상 범죄로 다루지 않는 경우도 있다. 간통죄가 그 예이다. 우리나라의 경우 간통죄는 존폐 시비가 꾸준히 제기되는 가운데 유지되고 있지만 다른 나라는 개인의 성적 자기결정권과 사생활 비밀과 자유를 침해한다는 등의 이유로 형사 처분하지 않는다.[5]

한편 범죄행위를 저질렀더라도 행위자의 연령이나 신체조건 등에 따라서 형사책임을 물을 수 없거나 책임을 감경하기도 한다. 형사미성년자나 심신장애자가 그 예이다(형법 제9조, 제10조 제1항~제2항). 범죄 성립요건을 충족하고 유죄가 입증되어 실형을 선고받았지만 범행 동기나 수법이 사람들의 주목을 받아 오히려 특별하게 다뤄야 할 경우도 있다. 또는 당연히 이행해야 할 의무를 이행하지 않거나 위급한 상황에서 마땅히 취해야 할 조치를 취하지 않아 처벌의 대상이 되는 경우가 있다(형법 제14조). 동일한 행위라 하더라도 시간적·공간적·상황적 여건에 따라 범죄가 되기도 하고 단지 도덕적 혹은 윤리적 비난을 받는 데 그치거나 문제조차 되지 않을 수도 있다.

이렇듯 "피레네 산맥 이편에서는 진리인 것이 저편에서는 진리가 아니다."라는 파스칼(Blaise Pascal, 1623~1662)의 말과 같이 어떠한 관점을 가지고 보느냐에 따라서 범죄의 개념은 다양하다.

범죄의 개념을 정리하기 위해서는 순수한 법적 개념부터 살펴볼 필요가 있다. 일반적으로 범죄는 벌을 받게 되는 행위이지만, 법적 개념으로서 범죄란 형법상 범죄구성요건으로 규정된 행위에 해당하는 위법하고 유책한 행위를 말한다. 사회생활상에 해로운 행위 중에서 법으로 형사제재를 가하도록 규정한 행위가 곧 범죄이다.[6]

피해자 없는 범죄

강도나 강간 등 전통적 범죄는 통상 가해자와 피해자가 분명히 존재한다. 반면 전통적 범죄와는 달리 피해자와 가해자의 관계가 분명치 않은 범죄를 피해자 없는 범죄(victimless crime)라고 말한다. 그러나 엄격한 의미에서 어떠한 종류의 범죄라도 피해자가 없는 범죄는 있을 수 없다. 범죄행위의 실행 주체인 가해자가 있다면 그 범죄행위의 객체인 피해자가 존재하는 것이 당연하다.

실제 삶 속 다툼에서 가해와 피해의 구분이 불분명한 경우는 많다. 예컨대 집단 싸움에서 가해자와 피해자를 엄격하게 따지는 것이 쉽지 않다. 비슷한 과실행위로도 누구는 가해자가 되고 누구는 피해자가 되기도 한다. 어떤 경우에는 고소나 고발을 먼저 한 사람이 피해자가 되며, 그에 따라 상대방은 가해자로 인정되기도 한다.

그러나 피해자 없는 범죄란 피해자가 전통적 범죄의 피해자와는 다른 성격을 가진다는 의미이다. 즉 가해자와 피해자의 관계에서 볼 때 동일범죄의 가해자가 동시에 피해자가 되거나, 또는 범죄의 피해자가 특정인이 아닌 불특정 다수인이어서 가해자와의 관계가 분명치 않은 경우이다. 피해자가 없는 것으로 보이는 행위, 또는 가해자이면서 피해자라고 할 수 있는 자살이나 자상행위는 형법상 범죄가 아니다.[7] 가해자와 피해자의 구별이 곤란한 유형으로는 동의낙태, 매춘행위, 성기노출, 포르노 영업 등이 있다. 이러한 유형은 실정법상 범죄로 규정되어 있지만, 동의에 의한 범죄 내지 관계범죄라 하여 가해자와 피해자가 합의한 경우는 범죄가 아니라고 주장되기도 한다(Hassemer, 1990). 그러나 형법의 임무는 가해자와 피해자를 동등하게 만드는 것이 아니다. 비범죄화 논의는 본질적으로 피해자의 합의 여부와는 무관한 문제이다. 이러한 의미에서 피해자 없는 범죄는 원칙적으로 없다고 할 수 있다.

피해자학에서의 피해

　모든 유형의 피해와 피해자를 피해자학에서 다룰 수는 없다. 범죄의 피해자를 과학적으로 고찰하고자 하는 피해자학은 범죄자의 행위로 인해 신체적, 감정적, 경제적으로 고통을 받는 사람에게 초점을 둔다. 분명 범죄피해는 여러 피해의 하나일 뿐이며, 범죄피해보다 다른 유형의 피해가 더 크고 심각할 수 있다. 또한 피해를 범죄피해로만 제한하는 것은 오히려 피해자학의 입지를 좁게 한다는 우려도 있다. 그런데도 피해자학이 범죄피해를 중심으로 다루는 까닭은 무엇보다도 온전한 형사정책을 꾀하는 데에 있어서, 그리고 다른 학문과의 관련성에 있어서 이론적, 실무적 장점이 많기 때문이다.

　범죄유형은 다양하기 때문에 그 피해의 유형도 다양하다. 따라서 피해를 나름의 기준에 따라 분류할 필요가 있다. 먼저 피해를 자연 피해와 인간행위에 의한 피해로 나눌 수 있다. 인간행위에 의한 피해는 다시 자기 피해와 타인에 의한 피해로 나뉜다. 자기 피해는 자신이 가해자이면서 피해자인 경우이며, 타인에 의한 피해는 범죄피해와 비범죄적 피해로 구분한다.

　한편 피해에는 직접피해와 간접피해가 있다. 직접피해는 살인, 강간 등과 같이 개인이 범죄의 직접적인 목표가 되어 피해의 영향을 직접적으로 받는 경우이다. 그런데 어떤 범죄로 인해 많은 사람들은 범죄에 대한 공포(fear of crime)를 가지게 되고 삶의 질이 악화될 수 있다. 이것이 곧 간접피해이다. 간접피해는 고통과 손실을 겪으나 직접적으로는 범죄에 관련되거나 그로 인한 해악을 당하지 않은 경우라고도 할 수 있다.

또 다른 관점에서 피해유형을 구조적 피해와 제도적 피해로 나눌 수 있다. 구조적 피해는 사회적 구조나 권력구조로부터 비롯된 피해로 부와 권력 등의 불평등에서 나타나는 결과라고 할 수 있다. 구조적 피해는 그 형태가 다양한데, 권력 남용으로 인한 인권 침해 등이 가장 보편적인 예이다. 이념·인종·종교적 소수자, 여성, 장애인 등이 빈번하게 구조적 피해자가 된다. 구조적 피해는 문화적 피해와도 관련이 있다. 이념이나 송교 또는 관습에 의해 야기되는 피해를 문화적 피해라고도 한다. 종교적·인종적 소수 집단은 정치적 권력과 경제적 능력이 없다고 할 수 있기 때문에 구조적 피해자인 동시에 문화적 피해자이기도 하다. 여성 또한 사회적·경제적인 지위에서 구조적 피해자이면서 남성우월주의가 팽배한 문화 속에서 살아야 한다는 점에서 문화적 피해자라고 할 수 있다. 제도적 피해는 교도소와 같은 폐쇄된 시설이나 학교와 같은 개방된 시설 안에서 야기되는 피해, 형사사법제도 등 제도의 운용에서 야기되는 피해 등을 말한다. 존폐에 대한 논의가 여전한 사형 집행의 경우도 제도적 피해의 관점에서 생각할 여지가 있다.

피해의 반복 여부에 따라 피해를 분류할 수도 있다. 일부 피해자는 동일한 피해를 여러 차례 당하기도 한다. 반복된 피해(repeated victimization) 또는 연속피해(series victimization)의 경우이다. 아울러 보복범죄에 의한 재피해(revictimization)의 문제도 피해자학에서 다루어야 하는 중요한 피해유형이다.

사회 변화에 따라 종래에 범죄로 여기지 않았던 새로운 형태의 범죄가 나타나기도 하고, 그 반대로 종래의 형법상 범죄가 더 이상 형벌로 다스릴 필요가 없게 되는 경우도 있다. 그래서 피해자학은 형식적 의미의 범죄에 국한하지 않고 실질적 의미의 범죄 개념을 바탕으로 그에 대응하는 넓은 의미의 피해를 다루어야 한다.

피해자란 무엇인가

　피해자 개념을 어떻게 파악할 것인가, 그 개념을 어떻게 설정할 것인가에 따라서 피해자학의 학문적 성격과 연구범위가 결정된다.

　좁은 의미의 피해자는 범죄자의 상대방으로서의 피해자, 즉 범죄피해자만을 뜻한다. 넓은 의미의 피해자는 범죄피해자뿐만 아니라 민법상 피해자, 상법 등 경제법상 피해자, 그 외에 살아가면서 부당한 처우를 받은 사람을 포함한다. 가장 넓은 의미의 피해자는 피해자를 범죄와 분리하여 그 독자성을 강조한다. 소위 일반피해자학(general victimology)에서 다루려는 피해자를 말한다. 초기 피해자학자 멘델존은 산업재해나 자연재해에 의한 피해자, 스스로 피해를 자초한 피해자까지도 피해자학에서 다루어야 한다고 주장했다. 한편 특정한 피해자 개념의 구체화는 학문적으로 의미가 없다는 주장도 있다.

　헌법은 범죄행위로 인해 생명이나 신체에 피해를 받은 피해자에 대해 국가의 구조의무를 명시하고 있다(제30조). 가해자에 대한 수사·재판·형 집행에서의 인권 개선과 비교하여 범죄피해자의 인권 개선은 잘 이루어지지 않고 있다. 이 때문에 범죄피해자에 대한 국가 차원의 보호와 지원 체계를 구축하고 민간 활동을 촉진하는 등 종합적이고 효과적인 대책을 마련하기 위해서 범죄피해자보호법(법률 제10893호)을 마련했다.

범죄피해자를 위한 기본법인 범죄피해자보호법을 비롯해 관련 법률, 국제조약은 각각의 취지에 따른 피해자 개념을 정하고 있다.

범죄피해자보호법에서 다루는 피해자는 타인의 범죄행위로 피해를 당한 사람과 그 배우자, 직계친족 및 형제자매이다. 여기서 배우자는 사실상의 혼인관계를 포함한다(제3조 제1항 제1호). 또한 범죄피해 방지 및 범죄피해자 구조 활동으로 피해를 당한 사람도 범죄피해자로 본다(제2항).

범죄피해자보호법은 범죄피해자보호 또는 지원의 기본 시책 등을 정하고, 범죄피해자에 대한 국가나 지방자치단체의 보호 내지 지원과 국민의 범죄피해자 지원활동을 촉진하여 범죄피해자의 피해회복, 정당한 권리 행사 및 복지 증진에 기여하는 것을 목적으로 한다(제1조). 범죄피해자보호법에서 규정한 피해자 개념은 관련 개별법에서 정하고 있는 개념보다 비교적 넓다.[8] 이는 범죄피해자보호법이 개별법에서의 범죄피해자보호의 이념과 대책을 이어받아 합리적인 범위 내에서 피해자의 개념을 정할 수 있도록 하기 위한 것이라 할 수 있다.

한편 경찰청은 범죄피해자보호규칙(경찰청훈령 제604호)을 제정하여 경찰의 적극적인 보호활동을 통해 범죄피해자의 권익 보호와 신속한 피해회복을 도모할 수 있는 법적 근거를 마련했다.[9] 범죄피해자보호규칙에서 피해자는 범죄로 인해 피해를 입은 자와 그 가족 등이라고 규정된다(제2조 제2호).

1985년 이탈리아 밀라노에서 열린 제7차 UN 범죄방지 및 범죄자처우 회의에서는 '범죄피해자 및 권력남용의 피해자를 위한 사법의 기본원칙에 관한 선언(Declaration of Basic Principles of Justice for Victims of Crime and Abuse of Power)'이 채택되었다. 여기서는 피해자를 '개인적 또는 집단적으로 형사적인 권력남용을 금지하는 법규를 포함하여 회원국에서 시행되고 있는 형법위반의 작위 또는 부작위로 인해 육체적 또는 정신적 장애, 정서적 고통, 경제적 손실 또는 기본적 권리에 대한 중대한 침해를 포함한 피해를 겪고 있는 사람'이라고 했다.

범죄피해자만을 피해자로 다룬다면 피해자학은 피해자에게 초점을 맞춘 범죄학, 결국 범죄학에 대한 접근법의 하나라고 밖에 할 수 없다. 반면 범죄의 의미를 넓게 파악하는 것이 정책의 요점을 희석할 수 있는 것과 같이 피해자의 개념을 지나치게 넓게 파악하려는 것도 옳지 않다.

결론적으로 피해자학은 그 이름에 맞게 범죄피해자 이외에도 사회생활을 하면서 본인이 타당한 대우를 받지 못했거나 손해를 입었다고 인식할 수 있는 상태에 있는 사람도 포함하는 넓은 의미의 피해자를 대상으로 해야 할 것이다. 즉 형식적 의미의 범죄피해자뿐만 아니라 실질적 의미의 범죄로 인해 그 법익 등을 침해당한 사람까지 포함해야 한다. 법적 평가의 대상이 될 수 있는 사회적 현실에서 "피해를 받았다."라고 생각하고 구제를 요청하려고 하는 사람에 대해 현재의 법제도를 검토하고 피해에 대응하여 법적 구제조치를 강구할 수 있는 가능성을 따지는 것이 피해자학의 역할이어야 하기 때문이다.

피해자는 어떻게 분류되나

범죄연구의 상당 부분은 범죄자 분류에 치우쳐 있다 해도 과언은 아니다. 범죄자를 과학적으로 분류하는 것은 범죄의 원인을 규명하고 그에 따른 대책을 강구할 수 있다는 이유에서 큰 의미가 있다. 피해자학의 경우도 마찬가지이다. 즉 피해자학 발전은 피해자의 과학적 분류로부터 출발했다.

이러한 유형화가 복잡한 배경을 갖는 현실을 지나치게 단순화할 수도 있다는 사실을 간과해서는 안 된다. 그러나 다양한 형태로 나타나는 피해현상을 체계적으로 설명할 수 있다면 피해자화(被害者化, victimization)의 학문적 분석 등에 보탬이 될 것은 분명하다.

워낙 다양한 피해자 유형론이 있기에 오히려 자세한 논의가 어렵지만, 하나의 보기로 일본 피해자학자 미야자와 고이치(宮澤浩一, 1930~2010)의 분류를 살펴보면 다음과 같다.

미야자와 고이치는 피해자를 전형적 피해자, 동정받는 피해자와 동정받지 못하는 피해자, 투쟁하는 피해자와 침묵하는 피해자로 유형화한다. 누가 보더라도 의심할 여지없는 피해자를 전형적 피해자 또는 평균적 피해자라 한다. 이러한 피해 사례의 경우 사람들은 가해자를 비난하고 피해자를 동정한다. 우발적 범죄에 의한 피해자는 동정받는 피해자이고, 범죄행위에 원인을 제공한 피해자는 동정받지 못하는 피해자가 된다. 동정받지 못하는 피해의 경우는 양형에서 피해자의 유책성을 따질수 있다. 범죄행위에 적극적으로 자신을 방어하거나 피해 이후에도 손해배상이나 가해자의 처벌에 적극적으로 나서는 피해자를 투쟁하는 피해자라 한다. 이에 반해 가해자의 침해행위에 저항을 포기하거나, 상대방의 공격을 받아들이거나, 피해 이후에도 손해배상이나 처벌에 적극적으로 나서지 않는 피해자를 침묵하는 피해자라 한다.

피해자 유형화는 피해자 행동의 특징, 반응, 가해자의 공격에 대응한 피해자 기여 형태와 그 특징 등에 주목해서 피해자를 분류하여 가해자와 피해자의 책임 관계를 보다 분명하게 따지는 것을 도울 수 있다. 또한 범죄의 종류, 범행상황의 다양성에도 불구하고 피해자가 되는 것에 대한 공통성을 찾고 그에 따른 대책을 꾀할 가능성도 있다.

피해자보호란 무엇인가

우리나라의 피해자학 연구는 그동안 괄목할 만한 성장을 이루었다. 그러나 부분적으로는 외국의 연구 성과와 제도를 소개하는 데 머물고 있으며 피해자학 관련 용어도 제대로 정리되었다고 할 수 없다. 피해자학과 피해자 관련 정책의 발전을 위해서는 물론이고, 향후 체계적인 입법정책을 수립하기 위해서도 관련 용어의 뜻을 분명히 할 필요가 있다. 이에 따라 피해자보호, 피해자지원 등 관련 개념의 뜻을 새겨본다.[10]

피해자보호에 관한 법적 근거는 헌법에서 찾을 수 있다. 헌법 제10조는 "모든 국민은 인간으로서의 존엄과 가치를 가지며, 행복을 추구할 권리를 가진다."라고 규정한다. 또한 제11조에서 제36조에 걸쳐 여러 기본권을 규정하고, 그 외에도 인간으로서 존엄과 가치를 유지하는 데 필요한 것으로 헌법에 열거되지 않은 자유와 권리까지도 보장한다. 피해자보호나 피해자지원은 인간다운 생활을 누릴 헌법적 권리의 보장을 위한 것이다.

피해자보호는 이러한 헌법 정신을 바탕으로 범죄피해자의 법적 지위를 확보하고 범죄피해자를 적절히 보호하기 위해 실시하는 모든 조치, 피해자의 자립과 재활을 지원하거나 고통을 완화하려는 국가나 공공단체 등의 활동이라고 할 수 있다. 일반적인 피해자보호의 기본 방향은 범죄피해자에 대한 경제적·사회적·정신적·심리적 지원, 형사사법절차에서의 피해자 지위 강화, 피해자의 권익 옹호 등을 위한 조치를 꾀하는 것이다.

한편 피해자지원은 일반적으로 1950년대 이후 미국과 유럽에서 주로 민간 자원봉사조직에 의해 시작되었던 피난처 제공,

정신적 또는 심리적 부조, 재활지원, 기타 법률적 조언과 구조 등을 포괄하는 개념으로 이해할 수 있다.

오늘날 피해자보호와 피해자지원을 개인이나 민간단체, 또는 국가나 공공단체의 활동만으로 한정할 이유는 없다. 피해자보호나 지원은 주체와 상관 없는 모든 피해자대책을 뜻한다고 해야 한다. 따라서 피해자보호와 피해자지원의 개념을 포괄하는 개념으로 피해자대책을 이야기할 수 있다. 피해자대책도 형사정책의 일부를 이루며 일반 사회정책과도 긴밀한 관련이 있다. 그러나 피해자의 개인적 특성이나 범죄로 인한 정신적·심리적 고통은 범죄자, 즉 가해자의 그것과는 전혀 다르기 때문에 피해자대책은 범죄대책이나 범죄자대책과는 차별화되어야 한다.

피해자와 범죄는 어떤 관련이 있는가

범죄피해의 발생 원인

범죄피해의 발생 원인에 관한 논의가 활발하다. 이는 범죄자와 피해자의 상호관계, 피해자가 범죄자에게 범죄행위를 촉진하는 요인 등 다양한 관점에서 이야기된다.

먼저 개인 특성을 중심으로 범죄피해의 가능성을 살펴볼 수 있다. 예컨대 가해자와의 근거리성과 원거리성(피해자와 가해자가 사회적으로나 지리적으로 근접해 있는 정도에 관한 개인 특성), 범죄매력성 혹은 범죄배척성(가해자의 입장에서 판단하는, 범죄대상으로서의 매력에 관한 개인 특성), 취약성과 강건성(범죄로부터 자신을 방어할 수 있는 능력에 관한 개인 특성) 등에 따라 범죄피해를 당할 가능성을 이야기한다.

얼마나 쾌락을 추구하는가 혹은 자아통제능력의 수준이 어느 정도인가에 따라 범죄피해의 가능성이 결정된다는 생각도 할 수 있다(범죄노출성). 예를 들어 즐거움이나 흥분을 추구하는 성향의 사람들은 그렇지 않은 사람들에 비해서 범죄가 빈번히 발생하는 유흥시설이나 우범지역을 찾는 정도가 많을 수 있다. 이러한 성향으로 인해 범죄피해의 가능성이 차별적으로 분포한다는 것이다.

특정 상황, 생활양식 등에서 피해의 요인을 찾으려는 주장도 있다. 먼저 상황론은 특정 시간, 특정 기간, 특정 국면 등의 상황요인을 중심으로 범죄피해현상을 설명하는 입장이다. 예를 들어 매춘부는 강도 범죄의 피해를 당할 가능성이 높은데, 그 이유는 매춘부가 접하는 환경이 어둡고 사회로부터 격리된 경우가 많은 상황적 특성으로 인해 범죄피해를 입을 개연성이 높기 때문이라는 것이다. 생활양식이론에 의하면 개인의 직업 활동, 여가 활동 등 일상의 생활양식이 그 사람의 범죄피해 위험성을 높이는 요인이 된다고 한다. 이에 따르면 범죄피해는 범죄 기회가 제공되었기 때문에 일어난다. 생활양식은 성별, 연령, 결혼 상태, 가구 수입, 인종 등과 같은 개인의 특성에 따라 혹은 시간과 장소에 따라 다를 수 있는데 이러한 생활양식의 차이로 범죄피해의 종류와 빈도가 차별적으로 나타난다고 한다. 일상활동이론은 일상생활이나 생활양식의 일정한 유형에서 범죄피해의 요인을 찾는 주장이다. 동기를 가진 범죄자, 적당한 범행대상의 존재, 범행을 막을 수 있는 보안장치나 감시인의 결여 등과 같은 요소 때문에 범죄가 발생한다고 하듯이 이러한 일상 생활적 요인에 따른 피해의 개연성을 이야기한다.

피해자 비난론과 옹호론

범죄자와 피해자의 관계는 상대적이면서도 상호적이다. 따라서 범죄자가 그 범죄의 결과에 대해서 책임지고 비난받고 처벌받는 것처럼 피해자도 당해 범죄의 발생 전이나 과정에 있어서 자신의 행위에 대한 책임을 가져야 한다는 생각이 있다.

피해자 비난론의 기본 태도는 사회의 모든 사람들이 범죄의 피해자가 되지 않는 것만 보더라도 피해자는 피해를 당하지 않는 사람들과 태도와 행동에 있어서 분명한 차이가 있다는 것이다. 바로 그러한 점에서 피해자에게 문제가 있으며, 그들에게도 일정한 책임이 있다는 것이다. 예컨대 운전을 할 때 예상되는 모든 문제점을 고려하여 방어운전을 하듯이 범죄문제도 범죄로부터 자신을 보호할 노력을 강구해야 하는데도 그 책임을 다하지 않았기 때문에 범죄의 피해자가 되었다는 말이다. 따라서 피해자 역시 일정한 책임을 질 수밖에 없다는 생각이다. 피해자 비난론은 잠재적 피해자들로 하여금 주의를 환기시키는 긍정적인 면이 있다.

하지만 피해자와 일반인 사이에 그렇게 큰 차이가 있는 것은 아니다. 피해자는 이해와 도움을 필요로 하는 대상이지 결코 비난의 대상이 되어서는 안 된다는 생각이 피해자 옹호론이다. 더욱이 국가가 시민의 안전을 책임져야 한다면 어느 누구나 범죄로부터 보호받아야 하고 또 보호받을 권리가 있기 때문에 피해자를 비난해서는 안 된다는 것이다.

또한 피해자 옹호론은 피해자 비난론이 범죄로부터 피해를 당한 범죄피해자에게 그 피해에 대한 책임까지 물어 이중의 피해자를 만든다고 지적한다. 범죄의 일차적 책임은 가해자에게 있기 때문에 피해자를 비난하는 것은 책임전가에 불과하다는 것이다. 또한 범죄자와 피해자는 사회 또는 국가의 잘못에 의한 공동의 피해자이기 때문에 둘 다 범죄문제에 대해 전적으로 책임을 물을 수 없다고 한다.

피해자 옹호론과 비난론 중 무엇이 옳고 그르다고 따지기는 어렵다. 분명한 것은 피해자 옹호론과 비난론은 피해자학 발전에 상당히 기여했다는 점이다. 피해자 옹호론은 피해자에 대한 배려 측면에서, 피해자 비난론은 범죄현상의 이해와 피해예방 측면에서 피해자학의 발전에 영향을 끼쳤다.

피해자화

피해자이론은 주로 개인 원인을 통해 범죄발생 요인을 분석한다. 그러나 이 외에도 피해자이론에 영향을 주는 요인은 얼마든지 찾을 수 있다. 여기서는 피해의 과정에 따라 정책적 고려를 하기 위한 피해자화 논의를 살펴본다.

피해자화란 개인이나 단체가 범죄, 불법행위, 사회생활을 하면서 발생한 부당한 사건 등에 의해 피해를 받는 과정을 말한다. 미국의 법집행과 사법행정에 관한 대통령위원회(President's Commission on Law Enforcement and Administration of Justice)가 제출한 「자유사회에 있어서 범죄의 도전(The Challenge of crime in free society)」이라는 보고서에서 처음 등장했으며, 1973년부터 정기적으로 실시된 범죄피해자 실태조사를 통해 일반화되었다. 피해자화는 일정한 원인으로부터 범죄에 이르는 일련의 과정을 의미하는 범죄화(criminalization)에 대응하는 개념으로, 범죄피해도 일정한 원인으로부터 시작되어 일련의 과정을 거쳐 발생하게 된다고 하는 가설에 기초한 것이다. 피해자에 대한 정책적 대응을 위해 피해자화의 논의는 중요한 의미가 있다.

제1차 피해자화

개인이나 집단이 범죄 또는 위법행위 등에 의해 직접적인 피해를 당하는 과정을 제1차 피해자화(primary victimization)라 한다. 직접피해자화라고도 할 수 있다.

제1차 피해자화는 사람이 피해를 받는 과정에 관한 것이 그 논의의 대상이다. 살인, 상해, 사기, 협박 등 개인적인 법익에 대한 죄로 인한 피해를 받는 경우가 전형적인 예이다. 또한 민법상의 불법행위·손해배상, 상거래상의 기만, 보험계약 때의 고지의무 위반 등에 관한 피해도 생각할 수 있다. 일반피해자학에서 다루는 자연재해에 의한 피해 등은 통상 논의의 대상이 아니지만, 재해 중에서도 인재, 감독자의 과실에 기초한 재해는 피해자학의 대상이 될 수 있다.

피해자를 개인뿐만 아니라 인적 결합체인 단체나 법인, 나아가서는 민족 또는 인종까지 포함해 생각할 수 있다. 20세기 초 터키에서 일어난 아르메니아인 학살 사건, 제2차 세계대전 중 발생한 홀로코스트, 캄보디아의 킬링필드 그리고 20세기 후반 유고슬라비아에서 민족 청소까지 발생하면서 20세기는 제노사이드[11]의 시대라고까지 불린다. 이러한 과정에서 야기된 소위 집단피해자에게는 민족의 구성, 집단 구성원 간의 연대성과 윤리상황, 공통된 가치관이나 종교관의 강약, 대립하고 대항하는 다른 민족이나 종족과의 세력관계, 국제 정치적 동향 등 여러 가지 피해자화 요인이 있다. 이런 요인은 사회생활을 영위하면서 촉진적으로 작용하기도 한다.

전형적인 범죄피해 외에 특수한 형태의 피해자화도 있다. 예컨대 가정폭력은 끈질기게 반복되는 특성을 지니며 그로 인한 피해도 매우 장기간 이어지는 특성을 지닌다. 아동에 대한 폭력과 노동력 착취 등은 사회 전체의 미래를 위협하는 요인이다. 권력남용으로 인한 피해는 피해가 발생한 사실을 인정받는 것 자체가 어렵다. 특정한 국가기관이나 기업과 같이 한정된 지배집단에 의해 권력남용이 자행되는 경우에는 국가적 또는 사회적 차원의 즉각적인 비난이 가해지는 것이 보통이지만, 국가 그 자체가 가해자인 경우에는 권력남용으로 인한 침해가 발생했다는 사실을 인정받는 것이 매우 어렵다. 권력남용은 본질적으로 국민의 보호자로서의 역할을 부여받은 사람들에 의해 발생하기 때문에 피해자화의 충격은 훨씬 심각할 수 있다. 또한 국제적인 환경범죄·경제범죄 역시 피해자학의 중요한 주제가 될 수 있다.

제1차 피해자화의 반응은 개인의 정신 또는 심리 상태에 따라 여러 행태로 나타난다. 그러한 조건이 사회적 행동과 연결되면 상대와의 관계에서 반발, 영합, 협력, 타협, 무시 등 여러 가지 반응이 나타난다. 범죄로 인한 심리적 상처의 가장 심각한 형태가 외상 후 스트레스 장애(post traumatic stress disorder, PTSD)와 그로 인한 후유증이라고 한다.[12] 범죄피해자는 일반적으로 강력한 심리적·정신적 외상(trauma)을 입게 되는데, 이것이 적절히 치료되지 않으면 항구적인 심리적 장애로 발전하게 된다는 것이다.

사회적 지위나 직업은 피해자성을 높이기도 하고 낮추기도 한다. 사회적 비난이 예상되는 피해의 경우는 이를 면하기 위해 피해사실을 숨기기 때문에 피해자성은 높아지게 된다.

제1차 피해자화 대책으로는 개별 범죄에 관한 가해자와 피해자의 관계를 분석한 자료를 정리하여 그 예방지침을 일반인에 제공하는 것이 있다. 일상적으로 자주 발생하는 범죄에 대해 일반 시민의 협력을 구하는 예로는 침입절도에 대한 예방협력 요청을 들 수 있다. 침입절도는 집을 비울 때 문을 잠그는 것을 잊어버려 발생하는 경우가 많다. 따라서 파출소나 거리에 주의를 촉구하는 표어를 게시하여 그 피해를 줄이는 노력이 요구된다. 절도의 예방은 무엇보다도 이웃의 눈이 가장 좋은 예방 장치일 수 있다. 주위 사람들을 신경 쓰지 않고 고립된 도시 생활을 하는 사람이야말로 범인이 가장 이상적으로 여기는 피해자인 것이다.

권력을 가진 자들이 저지르는 인권침해나 비리를 근절하기 위해 우선적으로 필요한 것은 역설적으로 보복을 견뎌낼 용기일지도 모른다. 권력은 침묵의 장막을 쳐 놓은 후에 인권침해와 비리를 저지르기 때문이다. 국가폭력이나 권력남용으로 인한 피해를 방지하기 위한 법적 노력 자체를 어렵게 한다면 악은 평범한 것이 되어 버릴 것이다.

제2차 피해자화

범죄사건이 발생했을 때 그 사건에 대한 사회적 반응은 다양하다. 예컨대 사건이 일어난 장소가 대도시인가 아니면 작은 시골 마을인가에 따라 그 사건의 반향은 다르다. 피해를 받은 사실은 사회적 반응에 따라서 직접피해자뿐만 아니라 가족 등과 같은 간접피해자의 생활에도 지장을 가져올 수 있다. 주변 사람들의 책망, 호기심 또는 양비론적인 비난 등은 피해자에게 범죄행위로 인한 직접적인 피해 못지않은 상처를 준다.

특히 범죄사건을 처리하는 형사사법기관의 권위적 태도나 불친절, 수사과정에서 야기될 수 있는 비난이나 불신 등 피해자에게 상처를 줄 수 있는 요인은 많다. 범죄사건 또는 범죄사건을 처리하는 과정에서 피해자가 정신적 또는 사회적으로 또 다른 상처를 입는 과정을 제2차 피해자화(secondary victimization)라고 한다. 간접피해자화라고도 할 수 있다.

피해자는 가해자에 대한 처벌을 바라지만 주변사람들을 의식하여 고소하지 못하거나, 가족들로부터 자신이 부주의했던 탓이라고 비난을 당하고, 직장에서 문제를 일으킨 장본인으로 지목되어 억울한 퇴직을 강요당하는 등 다양한 형태로 또 다른 피해를 당할 수 있다. 그 결과 가족과 세상을 원망하게 되고 정신적·심리적 상처로 인해 술에 탐닉하거나 무위도식에 빠질 수도 있다. 세상에 대한 원망과 복수심으로 반사회적 행동양식을 나타내거나, 또다시 피해를 당할지 모른다는 불안감으로 인해 의기소침해지고 노이로제에 걸리는 등 다양한 형태의 반응이 나타날 수 있다. 외상 후 스트레스 장애는 제2차 피해자화에도 영향을 미친다. 사람들은 일반적으로 다른 사람의 고통스런 경험에 동참하기를 꺼린다. 다른 사람이 겪은 끔찍한 경험을 나누는 것은 자신도 같은 피해에 노출될 수 있으며 이를 회피할 수 없을 것이라는 불안 또는 자기가 아무것도 해 줄 수 없다는 무력감을 느끼게 하기 때문이다.

수사기관이 범죄사실 입증의 어려움 등을 예상하고 피해자가 당한 고통의 의미를 축소하거나 불법적인 침해행위의 존재 자체를 부인하는 경우도 있을 수 있다. 따라서 피해자는 고통에 시달리면서도 주변 사람들에게 피해사실을 이야기하거나 사법당국에 신고하는 것을 꺼릴 수도 있다. 이처럼 피해에 관해 다른 사람의 인정을 받지 못하거나 스스로 침묵하는 것 자체가 극단적인 심리적 외상 요인으로 작용할 수도 있다.

피해자가 본래의 범죄 피해에 더해 형사사법기관의 부적절한 대응 때문에 심리적으로 더욱 상처를 받는 제2차 피해자화 문제는 1970년대 후반 유럽 국가에서 형사사법과정을 비판적으로 검토하면서 주목받았다. 형사사법기관에 의한 제2차 피해자화를 막는 문제는 형사사법제도 개혁과 연계된다.

형사사법기관의 부적절한 대응으로 인한 제2차 피해자화 문제에 대해 많은 나라들은 입법적 노력을 기울였다. 예컨대 독일은 피해자보호법을 제정했다. 이에 따르면 피해자는 신청에 의해 변호사인 보좌인을 둘 수 있다. 보좌인은 수사단계에서부터 피해자의 권리보호를 맡아 절차의 진행상황에 대한 지식을 피해자에게 전하며, 관계서류를 열람하고, 수사단계나 공판개시 때에는 피해자의 의향에 따른 의견을 적절하게 진술한다. 피해자는 공개된 법정에서 증인으로서 신문을 받을 때 보좌인의 조언을 얻어 사생활에 관련된 사항에 대해 증언을 거부하고 공개금지의 조치를 구하는 법적 조치를 취할 수 있도록 했다. 한편 스위스의 피해자원조법은 피해자보호를 위해 관공서가 절차의 모든 단계에서 피해자의 인격권을 보호해야 한다는 원칙을 규정했다. 성범죄의 경우는 수사, 예심, 재판절차에 있어 피해자가 동성인 조사관에 의해 조사받고, 합의부 재판에서는 동성인 법관이 한 명 이상 참여할 것을 규정하는 한편 피해자가 변호사를 통해 권리를 주장할 수 있도록 규정했다.

제3차 피해자화의 논의

앞서 살펴보았듯이 제2차 피해자화는 범죄로 직접 발생한 피해보다는 사건 또는 피해자에 대한 부적절한 개인적·제도적 대응 때문에 또다시 피해가 발생하는 과정을 말한다. 그 과정을 세분하여 제2차 피해자화와 제3차 피해자화로 나누기도 한다. 즉 형사절차 진행과정에서 수사기관 또는 재판기관의 잘못된 대응으로 인해 야기되는 피해자화를 제2차 피해자화, 가족 또는 친지를 비롯한 주변사람이나 지역사회 등의 반응으로 인해 피해자가 정신적·심리적 상처를 입는 과정을 제3차 피해자화라고도 한다. 이에 대해 범죄사건 처리과정과 그 이후에 발생하는 피해자화현상을 형사사법기관 또는 그 종사자로 인한 것(제2차 피해자화)과 피해자의 가족·친지 및 기타 주변사람 때문에 발생하는 것(제3차 피해자화)으로 구별하는 것은 매우 어려운 일일뿐만 아니라 실익도 거의 없고 그 표현으로 인해 선후관계에 따른 구분으로 오해될 수도 있다. 따라서 제2차 피해자화와 제3차 피해자화를 구별하지 않고 직접적인 피해에 부수하여 간접적으로 발생하는 피해자화 전체를 요인별로 나누어 설명하기도 한다.

피해자는 어떤 권리를 갖는가

형사절차에 따른 피해자의 권리

피해자학은 피해자가 형사절차에 정당하게 참여하여 정보를 얻고 방어방법을 찾으며 피해배상과 원상회복을 위한 활동을 할 수 있도록 요구한다. 범죄피해자를 위한 기본법인 범죄피해자보호법은 범죄피해자의 지위에 관한 기본이념을 규정했다. 범죄피해자는 범죄피해 상황에서 빨리 벗어나 인간의 존엄성을 보장받을 권리(제2조 제1항), 범죄피해자의 명예와 사생활의 평온을 보호받을 권리(제2항), 해당 사건과 관련하여 각종 법적 절차에 참여할 권리(제3항)가 있다. 여기서는 형사절차에서 피해자의 권리를 절차 진행순서에 따라 살펴본다.

수사절차에서 피해자가 갖는 권리

형사절차는 수사에 의해 시작된다. 수사기관은 범죄의 혐의가 있다고 판단될 때에는 언제든지 수사를 개시할 수 있다. 범죄를 저질렀으리라는 의심을 가지게 된 원인은 가리지 않는다. 이와 같이 범죄의 혐의를 두게 된 원인을 수사의 단서라 하고, 형사소송법은 그것을 현행범의 체포, 고소와 고발, 자수, 변사자의 검시 등으로 규정하고 있다. 수사의 단서는 형사소송법이 정한 것에 국한되지 않는다. 형사소송법 이외에 특별법에 따른 수사단서는 불심검문(경찰관직무집행법 제3조)이 있다. 그 외에도 수사의 단서는 풍문, 피해자나 제3자의 범죄신고, 진정, 수사기관의 인지 등 다양하다.

범죄피해자는 고소권이 있다(형사소송법 제223조).[13] 고소는 수사기관에 범죄사실을 신고하여 범죄자의 처벌을 구하는 의사표시이며, 범죄피해자를 비롯하여 피해자의 법정대리인, 피해자의 배우자, 친척, 지정고소권자 등 고소권 있는 사람만이 할 수 있다. 범죄피해자는 수사단서로서의 지위를 갖는다.

친고죄는 범죄피해자의 고소가 있어야 공소제기를 할 수 있으며, 피해자는 제1심 판결선고 전까지 고소를 취소할 수 있다(제232조 제1항). 반면 반의사불벌죄는 피해자가 처벌을 원하지 않는다는 의사를 분명하게 밝힌 때에는 처벌할 수 없는 죄를 말한다.[14] 이러한 경우 범죄피해자는 형사절차를 종결시킬 수 있다. 친고죄가 아닌 대부분의 일반 범죄의 경우 고소의 취소는 양형에 영향을 미치지만, 친고죄나 반의사불벌죄는 소송조

건으로서 국가소추권에 영향을 미친다. 따라서 친고죄와 반의
사불벌죄의 경우 형사절차를 개시하고 종결하는 데에 있어서
피해자의 역할은 상당하다.

피해자는 범인을 가장 가까운 곳에서 봤다고 할 수 있고, 범
죄사건을 처음부터 끝까지 직접 체험한 경우가 많다. 또한 서
로 아는 사이라면 범행의 동기를 알 수 있다. 따라서 수사절차
에서 범죄피해자는 중요 참고인으로서 조사 대상이 된다(제221
조). 피해자의 진술은 범행의 객관적 경과 및 상황의 파악, 범인
과 피해자 또는 피고인의 동일성 판단에 있어 중요한 역할을
담당한다. 또한 피해자는 중요한 증인으로서 증인신문의 대상
이 된다. 즉 범죄의 수사에 없어서는 안 될 사실을 안다고 명백
히 인정되는 사람이 참고인조사에 출석이나 진술을 거부한 때
에는 제1회 공판기일 전에 한하여 증인신문절차가 이루어질
수 있다.

공소제기절차에서 피해자가 갖는 권리

수사결과 범죄의 객관적 혐의가 충분하고 소송조건을 구비
하여 유죄의 판결을 받을 수 있다고 인정될 때 검사는 공소를
제기한다. 공소는 검사만이 제기한다. 공소제기와 관련하여 형
사소송법은 국가소추주의, 기소독점주의를 택하고 있기 때문
에 원칙적으로 범죄피해자가 공소의 판단에 관여하는 것이 인
정되지 않는다. 마찬가지로 수사의 종결은 검사만이 할 수 있
다. 따라서 범죄피해자가 소추와 처벌을 원한다 하더라도 검사

의 불기소처분에 의해 수사가 종결될 수 있다.[15)

다만 범죄피해자는 검사의 불기소처분에 불복하여 재정신청을 할 수 있다(형사소송법 제260조). 범죄피해자의 입장에서 재정신청은 검사의 최종처분에 대한 불복권이며, 공판절차개시에 대한 참여권이라고 할 수 있다. 그러나 다른 한편으로 재정신청은 범죄피해자의 이익을 보호한다는 측면보다는 검사의 불기소처분에 대한 규제로서의 의미도 있다. 즉 재정신청제도를 통해 공소권 남용이 통제된다. 더욱이 법원에서 통제권을 행사한다는 점에서 그 효과가 크다고 할 것이다.

검사가 공소를 제기한 이후부터 범죄피해자가 형사절차에 개입할 여지는 크게 줄어든다. 범죄피해자가 항상 가해자, 즉 범죄자의 소추나 처벌을 원한다고는 할 수 없다. 예컨대 피해자의 의사에 반하는 소추가 행해졌다 하더라도 현재의 형사사법제도에서는 범죄피해자가 그 소추에 이의를 제기할 수 없다. 범죄피해자의 의사는 기껏해야 정상으로서 참작될 가능성이 있을 뿐이다. 한편 공판절차를 거치지 않고 서면심리로 법원에서 벌금이나 과료 또는 몰수형을 과하는 약식절차는 일반적으로 형이 가볍기 때문에 피해자의 불만이 제기될 수 있다. 약식절차에 대해서는 어떠한 형태로든 피해자가 관여할 기회가 주어져야 할 것이다.

이렇듯 공소제기절차에서 범죄피해자 의사는 거의 반영되지 않는다. 국가소추주의와 기소독점주의의 논리적 귀결이라고 할 수 있다. 하지만 범죄피해자의 처벌 감정에 대한 배려가 피해자를 보호한다는 관점에서 이를 재검토할 필요가 있다.

공판절차에서 피해자가 갖는 권리

공판절차란 공소가 제기되어 사건이 법원에 계속된 이후 법원이 피고사건에 대해 심리하고 재판하고 또 당사자가 변론을 행하는 절차이다.

소송은 절차이기 때문에 일정한 주체를 전제로 하여 이루어진다. 여기서 이야기되는 소송의 주체는 법원, 검사, 피고인이다. 법원은 재판을 하는 주체이며, 검사는 재판을 청구하는 주체이고, 피고인은 재판을 받는 주체이다. 따라서 이들에게는 소송의 주체로서 나름대로의 법적 권리와 의무가 주어진다. 예를 들어 피고인은 진술거부권, 진술권, 방어준비를 위한 권리, 증거조사에 있어서의 방어권 등이 보장된다.

자신이 겪은 사건으로 인해 소송이라는 절차가 진행되지만 피해자는 소송의 주체가 아니다. 그러나 형사절차에서 범죄피해자에 대한 권리 보장이나 배려가 따라야 한다. 피해자는 범죄사건의 직접당사자로서 사실관계를 누구보다도 잘 알기 때문에 공판절차의 단계에서 증인으로서 신문을 받는다. 법률에 다른 규정이 없으면 법원은 누구든지 증인으로 신문할 수 있다(형사소송법 제146조). 증인은 법원 또는 법관에 대해 자기가 과거에 경험한 사실을 진술하는 제3자를 말한다. 따라서 범죄피해자는 실제 가장 중요한 의미가 있는 증인이 된다. 증인으로서의 범죄피해자는 정해진 공판기일에 출석하여 증언할 의무가 있고(제151조, 제161조), 또한 증언거부권도 인정된다(제148조, 제149조).

피해자보호를 위한 법적 권리

범죄피해자는 자신이 당한 피해에 대한 보상 이외에 형사절차의 진행과정과 처리결과에 대해 궁금해한다. 피해자는 원하는 정보를 제공받음으로써 무력감에서 탈출하거나 자기 통제력을 회복하는데 도움을 받을 수 있고, 형사사법기관은 피해자에게 사건처리에 관한 자세한 정보를 제공하여 신뢰를 확보하고 형사사법에 대한 만족도를 높일 수 있다.

범죄사건에서 그 사안의 진상을 명백히 밝히자는 것이 실체적 진실주의이다. 특히 형사소송은 피고인과 피해자 사이의 법적 분쟁을 해결하기 위한 국가형벌권의 범위와 한계를 확정하여 형벌권을 실현하는 절차이다. 따라서 법원은 사안의 진상을 정확히 파악해야 한다. 이러한 의미에서 실체적 진실의 발견은 정당한 판결의 전제가 되며 형사사법 정의 실현의 조건이 된다고 할 수 있다. 형사사법 정의의 구현은 피고인뿐만 아니라 그 상대방인 피해자의 권익을 보호하기 위한 노력이 따라야 한다.

여기서는 형사사법제도에 대한 피해자의 신뢰를 유지하기 위한 수단과 형사절차상 범죄피해자의 지위와 권리확보를 위한 형사소송법 등 관련법의 내용을 살펴본다.

알권리

　정치, 사회 현실 등에 관한 정보를 자유롭게 알 수 있는 알권리(right to know)가 누구나 누리는 기본권의 하나로 인정되면서 새로운 인권 문제로 자리 잡기 시작했다. 알권리는 흔히 정보의 자유와 같은 의미로 이해되고 있다. 알권리는 오늘날 정보사회로의 발전에 따른 정보체계의 근본적인 변화와 맥락을 같이한다. 과거에는 일반적으로 표현의 자유의 한 내용으로서 이해되었다. 그러나 알권리는 단순히 표현의 자유의 한 내용이 아니라 주권자인 국민의 정보요구를 충족시켜주고 이를 통해 소극적인 지위에 머무르고 있던 국민이 주권자의 입장에서 적극적으로 정보전달체계에 직접 개입할 수 있다는 점에서 그 의의를 찾을 수 있다.

　헌법은 알권리에 관한 명문의 규정을 두고 있지 않아 그 헌법적 근거에 관한 다툼이 있다. 그러나 알권리의 구현을 목적으로 제정된 공공기관의 정보공개에 관한 법률(법률 제10012호) 제1조는 "공공기관이 보유·관리하는 정보의 공개의무 및 국민의 정보공개 청구에 관하여 필요한 사항을 정함으로써 국민의 알권리를 보장하고 국정에 대한 국민의 참여와 국정운영의 투명성을 확보함을 목적으로 한다."라고 규정하여 알권리를 명시하고 있다. 다만 공공기관의 정보공개에 관한 법률은 알권리를 포괄하는 총체적 법률이 아니라 알권리로부터 파생하는 권리를 실현하는 절차를 규율하는 법률이다. 이 점에서 입법 목적 또한 개념과 내용을 정확히 반영한 것은 아니라고 본다. 알권리의 개념 정의에 관한 여러 주장이 상존하고 있다.

범죄피해자에 대한 정보제공은 피해자로 하여금 사건의 진행상황을 충분히 숙지하여 차후에 있을 수 있는 피해자의 인격권의 침해로부터 스스로를 방어할 수 있게 하는 전제요건이 된다. 가해자에 관한 정보는 피해자의 안전보호와도 밀접한 관련이 있다. 피해자가 가해자의 상황을 정확하게 알 수 있다면 피해자는 막연한 불안감을 줄일 수 있고, 수사기관도 통지의 과정에서 피해자의 의견을 듣고 필요한 조치를 꾀할 수 있을 것이다. 아울러 일정한 범위에서 인정되는 피해자의 형사절차 참여권한을 적절하게 행사할 수 있다. 따라서 범죄피해자에 대한 정보제공은 피해자의 단순한 인격권 보호에 초점을 둔 소극적 지위에 있어서 효율적 방어를 위한 전제조건일 뿐만 아니라 피해자의 형사사법절차 참여를 비로소 가능케 한다는 의미에서 피해자의 적극적 지위의 출발점이 된다.

범죄피해자에 대한 정보제공의 구체적 내용은 형사절차의 진행과정과 처리결과이다. 즉 가해자의 성명과 주소, 체포여부, 수사진행 정도, 사건의 전모, 기소여부, 재판 일시와 장소, 재판 참여방법, 가해자 석방여부, 판결 결과, 범죄피해자 구조제도, 피해자지원 서비스 제공 단체에 관한 정보 등이다.

범죄피해자보호법은 범죄피해자가 당해 사건과 관련하여 수사담당자와 상담하거나 재판절차에 참여하여 진술하는 등 형사절차상의 권리를 행사할 수 있도록 보장해야 하며, 범죄피해자의 요청이 있는 경우에는 가해자에 대한 수사결과, 공판기일, 재판결과, 형 집행 및 보호관찰 집행 상황 등 형사절차 관련 정보를 제공할 수 있다고 규정하고 있다(제8조).

범죄피해자에게 제공할 수 있는 형사절차 관련 구체적 정보에 대해 범죄피해자보호법 시행령(대통령령 제22339호)은 수사 관련사항으로 수사기관의 공소제기, 불기소, 기소중지, 참고인 중지, 이송 등 처분 결과를 규정하고 있다(제10조 제1항). 공판진행 사항으로는 공판기일, 공소제기된 법원, 판결 주문, 선고일, 재판의 확정 및 상소 여부 등이며, 형 집행 상황으로 가석방, 석방, 이송, 사망, 도주에 관한 사항, 그리고 보호관찰 집행 상황과 관련해서는 관할 보호관찰소, 보호관찰·사회봉사·수강명령의 개시일 및 종료일, 보호관찰의 정지일 및 정지 해제일 등이다. 다만 범죄피해자가 형사절차 관련 정보를 요청한 경우 이를 제공해야 하지만, 형사절차 관련 정보의 제공으로 사건 관계인의 명예나 사생활의 비밀 또는 생명과 신체의 안전이나 생활의 평온을 해칠 우려가 있는 경우에는 이를 제공하지 않을 수 있다(제3항).

피해자보호제도

피해자보호제도는 2007년 형사소송법 개정을 통해 획기적으로 개선되었다. 피해자에 대한 통지제도, 신뢰관계인 동석제도, 비디오 등 중계장치에 의한 신문제도, 심리비공개제도 등이 새로 신설되었으며, 피해자의 진술권도 강화되었다.

신설된 피해자보호규정은 형사절차에서 피해자의 권익보호에 커다란 기여를 할 것으로 예상된다. 전체적으로 위와 같은 피해자보호제도의 도입은 지극히 바람직하다. 그렇지만 세부적으로 살펴보면 각 규정들이 피해자보호에 실질적으로 기여하기에는 미흡한 부분이 있어 더 세심하게 가다듬어야 한다.

정보통지제도

검사는 범죄로 인한 피해자 또는 그 법정대리인(피해자가 사망한 경우에는 그 배우자·직계친족·형제자매를 포함)의 신청이 있는 때에는 당해 사건의 공소제기여부, 공판의 일시·장소, 재판결과, 피의자·피고인의 구속·석방 등 구금에 관한 사실 등을 신속하게 통지해야 한다(형사소송법 제259조의2).

형사절차의 진행 사항에 대해 피해자에게 통지하는 제도는 범죄피해자보호법을 통해 처음 도입되었고, 형사소송법도 실무지침에 따라 피해자 등이 원할 경우 사건처분결과, 공판개시, 재판결과, 출소사실 등을 통지하도록 했다.

그러나 범죄피해자보호법과 형사소송법 피해자 정보통지 규정은 서로 맞지 않는 부분이 있다. 통지 내용에 관해 범죄피해자보호법은 수사상황, 공판절차에 관한 진행상황뿐만 아니라 형의 집행상황이나 보호관찰 집행상황까지 알리도록 되어 있어 형사소송법 규정보다 그 범위가 넓다. 그러나 범죄피해자보호법에는 범죄자의 구속 등 구금에 관한 사실이 누락되어 있다. 통지의 주체도 형사소송법은 검사이지만, 범죄피해자보호법은 국가이다(범죄피해자보호법 제8조, 형사소송법 제259조의2). 재판결과를 예로 들면 범죄피해자보호법은 법원, 형사소송법은 검사가 각각 통지의 주체가 된다. 정보공개의 제한사유도 형사소송법은 아무런 규정을 두고 있지 않아 피해자의 신청이 있으면 해당 정보를 제공해야 하지만, 범죄피해자보호법은 일정한 제한사유에 따라 정보제공을 거절할 수 있다. 이러한 혼란은 정리할 필요가 있다.

한편 정보통지와 관련하여 검사는 고소사건에 관해 공소제기, 불기소처분, 타관송치를 한 때에는 처분한 날로부터 7일 이내에 서면으로 고소한 범죄피해자에게 그 사실을 통지해야 한다(형사소송법 제258조 제1항, 제259조의2). 불기소처분 통고를 받은 범죄피해자는 검사에게 그 이유를 밝혀줄 것을 요구할 수 있다(제259조).

정보통지제도는 가해자의 성명, 주소, 수사상황, 사건의 개요, 기소여부 및 재판일정 등 수사의 처리결과나 공판절차의 진행상황에 대한 피해자의 알권리를 보다 실질적으로 보장한다는 측면에서 의미가 크다. 그러나 정보통지제도는 보다 적극적인 의미에서 생각할 필요가 있다. 즉 소극적으로 피해자의 신청에만 의존할 것이 아니라 당연한 피해자의 권리로서 인식하고 이를 의무화할 필요가 있다.

피해자 공판기록 열람과 등사권

피해자 정보권의 하나로 소송기록을 열람하고 등사할 수 있는 권리를 보장하는 것은 매우 중요한 의미를 지닌다. 범죄피해자는 자신이 관련된 사건의 실체 해명 과정에 관한 정보를 소송기록 열람을 통해 얻을 수 있기 때문이다. 이를 통해 피해자는 피고인 측의 부당한 공격과 변론에 적절히 대응하고 자신의 인격권 침해에 대해 효과적으로 방어를 할 수 있다.

형사소송법은 피해자에게 공판기록 열람등사권을 인정하고 있다. 소송계속중인 사건의 피해자, 피해자 본인의 법정대리인 또는 이들로부터 위임을 받은 피해자 본인의 배우자·직계친족·형제자매·변호사는 소송기록의 열람등사를 재판장에게 신청할 수 있다(제294조의4 제1항). 재판장은 피해자 등의 기록열람 또는 등사 신청이 있는 때에는 지체 없이 검사, 피고인 또는 변호인에게 그 취지를 통지해야 한다(제2항). 재판장은 피해자 등의 권리구제를 위해 필요하다고 인정하거나 그 밖의 정당한 사유가 있는 경우 범죄의 성질, 심리의 상황, 그 밖의 사정을 고려하여 상당하다고 인정하는 때에는 열람 또는 등사를 허가할 수 있다(제3항).

재판확정 기록에 대한 열람 및 등사권뿐만 아니라 소송계속중인 기록에 대해서도 열람 및 등사를 허용하여 피해자의 알 권리를 충족시켜준다는 점에서 형사소송법의 태도는 긍정적으로 평가할 수 있다. 그러나 이에는 세심한 주의가 요구된다. 소송계속중인 사건의 기록을 무제한 열람 또는 등사할 수 있도

록 하는 것은 자칫 피고인의 명예나 프라이버시에 대한 침해를
가져올 수 있다. 이에 대해서 형사소송법은 재판장의 허가라는
요건을 통해 이러한 우려를 사전에 통제할 수 있도록 하고 있
고, 일정한 제한과 조건 부과를 규정하고 있다(제4항~제6항).

따라서 어느 정도 피고인과 피해자 간의 권리 균형을 위한
제도적 장치는 마련했다고 할 수 있으나 현실적인 운영에 있어
서 양자 간의 충돌은 불가피하다고 보인다. 공판기록의 열람
및 등사의 허가여부를 판단함에 있어서는 피고인과 피해자 간
의 균형 있는 배려가 요구된다.

신뢰관계에 있는 자의 동석

성폭력범죄의 처벌 등에 관한 특례법(법률 제10567호)은 법원
이 특수강도강간, 강간 등 상해·치상, 업무상 위력 등에 의한
추행죄 등의 성폭력범죄의 피해자를 증인 또는 참고인으로 신
문하는 경우에는 재판에 지장을 줄 우려가 있는 등 부득이한
경우가 아니면 피해자와 신뢰관계에 있는 자를 동석하게 하도
록 규정하고 있다(제29조). 또한 성매매알선 등 행위의 처벌에
관한 법률(법률 제10697호)도 법원이나 수사기관은 신고자 등을
증인으로 신문할 때에는 직권으로 또는 본인·법정대리인이나
검사의 신청에 의해 신뢰관계에 있는 사람을 동석하게 할 수
있다(제8조).

형사소송법은 증인신문의 과정에서 피해자의 제2차적인 정
신적 피해를 막기 위해 성폭력 피해자 등에게만 인정하던 신뢰

관계에 있는 자의 동석 제도를 일반 범죄에도 확대했다. 신뢰관계인은 피해자 옆에 앉아 피해자의 심리적 안정을 꾀하자는 것에 의미가 있다. 피해자의 진술을 대신하거나 피해자의 진술에 영향을 끼치는 것은 신뢰관계인의 역할이 아니다. 따라서 신뢰관계인의 동석은 수사기관이나 법원의 신문과정에서 실체적 진실의 발견에 도움이 될 수 있는 반면에 피고인의 방어이익을 침해할 가능성은 매우 미미하다고 하겠다. 따라서 일부 성폭력 범죄과 성매매범죄에 한하여 인정되는 신뢰관계인 동석제도를 모든 범죄피해자에게 확대한 형사소송법의 태도는 긍정적으로 평가할 수 있다.

법원은 범죄피해자를 증인으로 신문하는 경우 증인의 연령과 심신의 상태 그 밖의 사정을 고려하여 증인이 현저하게 불안과 긴장을 느낄 우려가 있다고 인정하는 때에는 직권 또는 피해자·법정대리인·검사의 신청으로 피해자와 신뢰관계에 있는 자를 동석하게 할 수 있다(형사소송법 제163조의2). 특히 범죄로 인한 피해자가 13세 미만이거나 신체적 또는 정신적 장애로 사물을 변별하거나 의사를 결정할 능력이 미약한 경우에는 재판에 지장을 초래할 우려가 있는 등 부득이한 경우가 아닌 한 피해자와 신뢰관계에 있는 자를 동석하게 해야 한다(제2항). 동석한 자는 법원·소송관계인의 신문 또는 증인의 진술을 방해하거나 그 진술의 내용에 부당한 영향을 미칠 수 있는 행위를 해서는 안 된다(제3항). 참고로 형사소송법은 피해자를 위한 신뢰관계에 있는 자의 동석뿐만 아니라 피고인을 위한 동석제도도 규정하고 있다.

신뢰관계자의 동석은 공판절차나 증인신문의 과정에서 심리적으로 위축될 수 있는 피해자를 위해 필요한 제도라는 것은 분명하다. 그런데 형사소송법은 동석할 수 있는 신뢰관계자의 범위와 방법에 대해 형사소송규칙에 위임하고 있으나(제163조의2 제4항, 제276조의2 제2항) 형사소송규칙은 장애인 등 특별히 보호를 요하는 피고인에 대한 특칙에 대해서만 신뢰관계 있는 자의 동석에 대한 범위와 방법을 규정하고 있다(제126조의2). 즉 피해자를 위한 신뢰관계자의 동석에 대한 범위와 방법에 대해서는 별도의 규정을 두고 있지 않다. 이에 대해 피고인에 대한 특칙 규정을 유추하여 적용할 수 있으나 피고인과 피해자는 다르다. 따라서 피해자를 위한 신뢰관계에 있는 자의 동석제도에도 구체적인 기준을 마련하는 것이 피해자 권리의 실질적인 보장을 위해 바람직하다.

비디오 등 중계장치에 의한 증인신문

성폭력 범죄의 피해자를 증인으로 신문하는 경우 법원은 검사, 피해자 또는 변호인의 의견을 들어 비디오 등 중계장치를 통해 신문을 할 수 있다(성폭력범죄의 처벌 등에 관한 특례법 제30조).

형사소송법은 일반 범죄의 피해자도 경우에 따라 피고인 앞에서 증언을 할 경우 심리적·정신적 고통을 받을 수 있기에 비디오 중계방식에 의한 증인신문제도를 도입했다(제165조의2). 비디오 등 중계방식에 의한 신문에는 차폐시설을 설치하는 경우와 비디오 등 중계장치를 이용하는 경우가 있다. 전자는 법정 안에서 증인(피해자)과 피고인 또는 방청인 사이에 차단장치를 설치하고 증인을 신문하는 방법이며, 후자는 증인을 법정 외의 별실에 있게 하고 소송관계인 등이 비디오 모니터에 비치는 증인의 모습을 보면서 신문하는 방법이다.

형사소송법 제165조의2는 ① 아동복지법 제40조 제1호부터 제3호에 해당하는 죄의 피해자[16] ② 아동·청소년의 성보호에 관한 법률 제7조부터 제12조에 해당하는 죄의 대상이 되는 청소년 또는 피해자[17] ③ 그 밖에 범죄의 성질, 증인의 연령, 심신의 상태, 피고인과의 관계 그 밖의 사정에 의해 피고인 등과 대면하여 진술하는 경우 심리적 부담으로 정신의 평온을 현저하게 해할 우려가 있다고 인정되는 자 등의 경우 비디오 등 중계장치에 의한 증인신문을 허용할 수 있도록 한다.

비디오 등 중계장치나 차폐시설을 이용하여 이루어지는 증인신문이 피고인의 증인대면권이 제한된다는 문제를 지적할 수 있으나 증인에 대한 피고인의 반대신문권 자체가 제한되는 것은 아니다. 따라서 피해자의 권리보호라는 측면에서 피고인의 증인대면권 제한은 형사절차에서 피고인과 피해자의 균형 있는 관계형성을 위해 불가피한 조치라고 이해할 수 있다.

공개재판의 제한

재판은 공개하는 것이 원칙이다(헌법 제27조 제3항, 법원조직법 제57조 제1항). 공개재판주의는 법원의 재판절차의 공정성을 확보하고 재판에 대한 국민의 신뢰를 유지하는 데 그 이론적 근거를 두고 있다. 그러나 국가의 안전보장을 방해하거나 선량한 풍속을 해할 염려가 있을 때 법원은 재판의 심리를 공개하지 않을 수 있다(헌법 제109조, 법원조직법 제57조). 또한 피해자의 프라이버시에 속하는 사실이 법정에서 공개적으로 논박되는 상황의 경우 사생활 비밀의 자유를 침해할 위험이 있다. 그러므로 공개주의는 사안에 따라서 관련 당사자의 인권을 보호한다는 측면에서도 제한할 필요가 있다.

형사소송법은 피해자의 사생활의 비밀이나 신변보호를 위해 필요한 경우 심리를 공개하지 않도록 하여 피해자의 진술을 제약할 수 있는 요소를 제거했다. 또한 이를 통해 피해자의 공판정 진술권을 실질적으로 보장한다는 취지에서 피해자 진술의 비공개 규정을 새로이 규정했다(제294조의3). 이는 피해자보호와 재판공개의 원칙의 충돌을 검사나 피해자의 신청에 의한 비공개를 통해 입법적으로 해결한 것이다.

피해자 공판정 진술권

형사피해자는 법률이 정하는 바에 의하여 당해 사건의 재판 절차에서 진술할 수 있다(헌법 제27조 제5항).[18] 공판정 진술권의 이론적 근거는 피해자 증언을 통해 실체적 진실의 발견에 최선을 다하고, 당해 사건의 유무죄와 양형 판단에 참고하고, 피해자의 피해상황을 직접 확인하면서 국가 구조의 여부를 판단하는 자료로도 활용할 수 있다는 데에 있다. 이에 따라 형사소송법은 범죄피해자의 공판정 진술권을 보장하는 규정을 마련했다(제294조의2). 공판정 진술권이란 범죄피해자가 당해 사건의 재판 절차에 증인으로 출석하여 자신이 입은 피해와 사건에 관하여 의견을 진술할 수 있는 권리를 말한다.

피해자 공판정 진술권에 관해 구 형사소송법은 피해자 신청이 있는 경우 법원이 증인으로 신문하고(제294조의2 제1항), 당해 사건에 관하여 의견을 진술할 기회를 주되(제2항), 피해자가 공판절차나 수사절차에서 충분히 진술하여 다시 진술할 필요가 없다고 인정될 때는 진술을 제한했다.

그러나 현행 형사소송법은 피해자 진술권을 증인신문의 방식으로 보장하는 형태는 그대로 유지하고 있으나 피해자의 공판정 진술권의 신청 주체를 피해자 이외에 법정대리인, 피해자가 사망한 때에는 배우자·직계친족·형제자매를 포함하도록 확대했다(제294조의2 제1항). 또한 피해자 진술권의 배제사유에서 수사절차에서 충분히 진술하여 다시 진술할 필요가 없는 경우를 제외하여 피해자 진술권을 폭넓게 인정했다.

범죄피해자의 공판정 진술권과 피고인 방어권 보장은 긴장 관계에 놓여 있다. 또 범죄피해자의 진술을 제한 없이 허용한다면 신속한 재판의 이념과 충돌할 수 있고, 피해자의 개인적 보복 감정에 따라 형사재판이 흔들릴 수 있다. 이에 형사소송법은 예외사유를 규정하여 피해자 진술권을 제한한 것이다.

형사소송법의 예외규정을 다소 축소한 점, 진술권의 내용에 대해 피해의 정도 및 결과, 피고인의 처벌에 관한 의견, 그 밖에 당해 사건에 관한 의견이라고 규정하여 진술권의 범위를 보다 명확히 규정한 것은 발전적이라고 평가할 수 있다. 그렇지만 여전히 광범위한 예외사유 규정은 아쉽다.

피해자의 진술권을 피해자를 증인으로 신문하여 보장할 것인가, 아니면 피해자를 증인신문이 아닌 진술권 형식으로 보장할 것인가에 대해서 논의 여지가 있다. 근본적으로는 피해자 진술권의 성격을 보다 분명히 할 필요가 있다. 피해자 진술권은 피해결과나 피고인의 처벌에 대한 양형의견이 중심이 되며, 사실관계를 확정하기 위한 것이 아니다. 즉, 피해자 진술권 보장은 피해결과나 피고인의 처벌에 대한 피해자의 의견을 공판정에서 진술하도록 한다는 데에 그 기본적인 목적이 있다고 하겠다. 이러한 성격을 감안하면, 피해자 진술권을 증인신문의 연장으로 규정하여 이를 광범위하게 제한하는 태도는 바람직하지 않으며 피해자 진술권을 증인신문으로부터 분리하는 것이 낫다.[19]

피해자 진술권이 증인신문에서 분리되어 피해자가 위증의 부담 없이 그리고 피고인의 반대신문 없이 사실상 유죄 심증에 영향을 줄 수 있는 진술을 하는 것은 적절하지 않다는 비판이 있다. 특히 국민참여재판에서는 그러한 위험이 더욱 커질 수 있을 것이다. 그러나 피해자 진술권을 통해 피해자가 진술하는 피해결과라든가 양형의견 등은 피고인의 반대신문을 통해 논박될 수 있는 성질의 것이 아니다. 오히려 증인신문의 형식을 취하게 되면 사실인정과는 무관한 피해자 의견에 대해서까지 피고인의 반대신문을 허용하게 되어 피해자의 진술권을 필요 이상으로 위축시키게 될 위험이 있다. 이는 피해자 진술권의 헌법적 보장 취지와도 맞지 않는다.

국민참여재판

국민참여재판은 일반 국민이 형사재판에 배심원으로 참여하는 제도이다. 일반인이 배심원 자격으로 형사재판에 참여하여 많은 사람이, 특히 피고인이나 피해자가 수긍할 수 있는 재판이 이루어진다면 형사사법에 대한 신뢰를 높일 수 있다는 취지에서 도입되었다. 영국이나 미국의 배심원제도와 유사한 형태라고 할 수 있다. 국민참여재판제도는 2007년 6월 1일 공포된 국민의 형사재판 참여에 관한 법률(법률 제10258호)을 근거로 2008월 1월 1일부터 시행되고 있다.

배심원은 만 20세 이상의 대한민국 국민으로 해당 지방법원 관할구역에 거주하는 주민 가운데 무작위로 선정된다. 배심원의 수는 법정형이 사형·무기징역 또는 무기금고에 해당하는 대상사건의 경우 9명, 그 밖의 대상사건은 7명으로 하되, 피고인 또는 변호인이 공판준비절차에서 공소사실의 주요내용을 인정한 경우에는 5명으로 한다. 배심원의 결원 등에 대비하여 5명 이내의 예비배심원을 둘 수 있다.

배심원의 유죄·무죄에 대한 평결과 양형에 관한 의견은 권고적 효력을 지닐 뿐이며 법적인 구속력은 없다. 배심원들이 결정한 유죄·무죄 평결을 판사가 따르는 미국의 배심원제도와는 달리 국민참여재판은 판사가 독자적 결정을 내릴 수 있다. 그러나 판사가 배심원의 평결과 다른 선고를 할 경우에는 피고인에게 배심원의 평결 결과를 알리고 평결과 다른 선고를 한 이유를 판결문에 분명히 밝혀야 한다.

국민참여재판의 대상사건은 형법에 규정된 특수공무집행방해치사 등의 사건, 특정범죄가중처벌 등에 관한 법률(법률 제10210호)에 규정된 뇌물 등의 사건, 특정경제범죄 가중처벌 등에 관한 법률(법률 제9646호)에 규정된 배임수재(타인의 사무를 처리하면서 부정한 이득을 취함) 등의 사건, 성폭력범죄의 처벌 등에 관한 특례법에 규정된 특수강도강간 등의 사건이다.

피해자와 관련된 국민참여재판의 문제는 사건의 특성을 고려하지 않고 피고인에게만 국민참여재판의 선택권을 주고 있다는 것이다. 즉 국민의 형사재판 참여에 관한 법률 제5조에서 규정하고 있는 대상사건에 대해 피고인이 원하지 않거나 배제 결정이 있는 경우에는 국민참여재판을 하지 않는다. 그러나 다른 범죄에 비해서 피해자의 인권과 의사가 최대한 존중되어야 하는 범죄유형, 예컨대 강간이나 성폭행과 같은 성범죄 사건이 다른 범죄 사건들과 구별되지 않은 채 피고인 의사에 따라 배심원을 비롯한 공개법정에서 노출될 수 있다.

형법은 강간죄 등 성범죄를 친고죄로 규정하여 일반 범죄와는 달리 취급하고 있다. 이는 특정범죄에 한해서 실체적 진실의 규명보다 당해 피해자의 인권과 의사를 우선시하겠다는 근본적인 가치판단이 바탕에 깔려 있기 때문이다. 이러한 성범죄

관련 사건에 대해서도 다른 범죄와 마찬가지로 피고인의 의사만으로 국민참여재판 개시 여부를 정하는 것은 성범죄에서 피해자가 갖는 특별한 이해관계 내지 친고죄의 취지에 어긋날 수 있고 피해자 인권을 침해할 위험이 크다. 보다 세심한 국민참여재판 대상사건의 선정과 분류가 필요하다.

피해자보호의 또 다른 논의

형사사법기관의 안일한 대응으로부터 비롯되는 제2차 피해자화를 방지하기 위한 입법적 노력은 형사소송법 등의 개정을 통해 많이 이루어졌다. 그러나 피해자보호를 위해 필요하다고 논의된 제도 중에 여전히 반영되지 않은 것들도 많다. 피해자의 공판정 참석권, 피해자변호인제도 등이 이에 해당한다.

피해자의 공판정 참석권

알권리 차원에서 피해자에게 정보권을 보장하는 것은 여전히 중요한 논의거리이다. 정보통지제도에 의해 피해자는 큰 틀에서 형사절차의 진행상황을 조망할 수 있지만, 이것만으로는 피해자의 정보의 이익을 충분히 배려한 것이라 할 수 없다.

공판절차는 공판기일에 원고인 검사와 피고인의 공격과 방어를 중심으로 전개되므로, 구두변론주의가 공판절차의 중요한 기본원칙의 하나로 제시되고 있다. 즉 법원은 당사자의 구두에 의한 공격과 방어를 근거로 하여 심리·재판하며, 당사자가 주장과 입증하는 것만을 기초로 하여 판결을 내려야 한다. 따라서 소송의 주체인 검사와 피고인뿐만 아니라 피해자도 공판절차에 직접 출석하여 원하는 정보를 획득하도록 허용하는 것이 피해자의 정보권을 보다 확실하게 보장하는 방법이다.

형사소송법에 따르면 피해자는 일반적인 절차에 의한 방청이 허용될 뿐이다. 피해자의 공판정 참석을 권리로 인정한다는 것은 피해자의 정보욕구에 부응할 뿐만 아니라 사건의 심리내용에 관한 피해자의 궁금증을 해소하고 형사사법에 대한 신뢰를 꾀할 수 있기 때문에 긍정적으로 고려해야 한다.

구두변론주의에 의한 공판절차의 특성상 피해자의 정보권을 충실하게 보장하기 위해서는 공판정 참석권을 인정해야 할 필요성이 크다. 반면 피해자의 공판정 참석이 특별히 피고인의 방어권을 제약하거나 실체적 진실의 발견에 장애가 된다고 볼 이유는 없다. 따라서 피해자의 공판정 참석권은 공개재판인 경우는 물론이고 비공개재판인 경우에도 가능하다.

피해자변호인제도

재판은 공정하게 이루어져야 한다. 원고와 피고의 대립적 관계에서 시비를 가리는 재판이 공정하기 위해서는 원고와 피고가 대등한 위치에서 갑론을박할 수 있어야 한다. 그러나 형사절차에서 피고인은 검사와 같은 권한을 가질 수 없고 그에게 부여된 권리도 제대로 행사할 수 없다. 그래서 헌법과 형사소송법은 누구든지 체포나 구속을 당한 때에는 즉시 변호인의 조력을 받을 수 있고(헌법 제12조 제4항, 형사소송법 제30조 제1항), 피고인이 스스로 변호인을 선임할 수 없을 때에는 국선변호인을 선임하여 줄 뿐만 아니라, 검사에게도 객관의무를 부여하여 무기평등의 원칙을 실현하려고 한다. 검사와 피고인 사이에 무기평등의 원칙이 보장되지 않을 때에는 당사자주의에 의한 실체적 진실의 발견이라는 형사소송의 이념뿐만 아니라 공정한 재판의 원칙은 실현될 수 없다.

헌법은 물론이고 형사소송법 등 그 어디에서도 피의자와 피고인의 경우처럼 피해자에게 변호인의 조력을 받을 권리를 찾을 수 없다. 물론 개인적으로 피해자도 변호사를 대리인으로 선임하여 형사절차에서 대리가 가능한 한 권리를 대리하게 할 수 있다. 예를 들어 많은 경우에 피해자는 범죄자를 상대로 한 민사상의 손해배상 청구 등을 위해 변호사를 선임한다. 형사소송법에서도 피해자는 변호사에게 고소권의 대리행사(제225조), 피해자진술의 비공개신청(제294조의3), 신뢰관계인의 동석허용신청(제163조의2), 피해자 등의 공판기록 열람등사(제294조의4) 등의 권리를 대리하게 할 수 있다. 그 외에도 피해자가 가지는 권리, 즉 피해자가 고소인으로서 검사의 불기소처분에 대해 검찰항고를 제기하거나 재정신청을 하는 경우, 범죄피해구조금지급을 청구하는 경우 등에도 변호사를 통한 대리가 가능하다.

그러나 이러한 정도의 일반적인 대리권만으로 충분하다면 굳이 피해자변호인제도의 도입을 논할 필요가 없을 것이다. 피해자변호인제도의 도입은 피의자나 피고인에게 형사절차의 전반에 걸쳐서 변호인의 조력을 받을 권리가 인정되는 것과 마찬가지로 피해자에게도 형사절차 전반에 걸쳐서 법률전문가의 조력을 받을 수 있도록 보장해야 한다는 것을 의미한다.

피해자는 수사절차에서 참고인으로, 공판절차에서 증인으로 신문을 받게 되는데 그 과정에서 인권이나 프라이버시에 대한 침해나 부당한 처우를 받을 수 있으며, 이런 위험에 적절히 대응할 필요가 있다. 또한 신문과정에서 피해자가 자신의 형사책임에 관련된 사실에 대해서 부지불식간에 답변을 해 버릴 위험에 대해서도 방어책이 마련될 필요가 있다.

비교법적으로 독일은 피해자변호인제도를 두고 있다(독일 형사소송법 제406f조). 이 규정에 의해 모든 범죄피해자는 자신의 이익을 옹호하고 형사절차상의 권리를 대변할 수 있는 변호사를 조력자로 선임할 수 있다. 선임된 변호사는 법원과 검찰의 피해자신문에 참여할 권리, 심리 비공개청구권, 소송기록의 열람등사권 등을 고유권으로 가진다. 형사절차에서 피해자보호를 위한 제도적 장치 및 형사절차에 대한 피해자의 적극적인 참여권한이 점차 확대되어 가는 상황에서 피해자에게 형사절차의 전반에 걸쳐 조력하는 피해자변호인제도는 피해자의 또 다른 권리로 고려되어야 할 것이다.

피해자는 무엇을 원하는가

피해자의 욕구

과연 범죄피해자는 무엇을 원하는가? 먼저 범죄자의 처벌(punishment)을 생각할 수 있다. 한편으로는 처우(treatment)를 통한 범죄자의 사회복귀, 또는 범죄자로부터 원상회복이나 피해배상(restitution)을 요구할 것이다. 이렇듯 범죄피해자는 서로 다른 목적을 가진 세 가지 조치 중 하나 또는 그것들이 부분적으로 결합된 조치를 원한다.

처벌과 처우

처벌에는 크게 형벌과 보안처분(범인이 다시 범행할 위험을 막기

위해 행하는 개선 교육이나 보호 등의 처분)이 있다. 여러 가지의 논의
가 있지만 일반적으로 형벌은 응보를 본질로 하며 책임원칙에
따르면서 일반예방과 특별예방의 목적을 가진다고 여겨진다.

응보적 책임형벌은 사회의 변화에 따른 범죄의 다양화, 누범
과 상습범의 격증, 마약중독자와 같이 형벌의 위협적·개선적
효과를 기대하기 어려운 행위자의 범죄 등에 대한 제재수단으
로서 한계를 가진다. 이에 행위책임과는 별도로 행위자의 사회
적 위험성으로부터 사회를 방위하기 위한 새로운 형사제재가
요구되었다. 형벌 이외의 형사제재수단으로 제시된 것이 바로
보안처분이다. 형벌과 보안처분을 근본으로 하는 형사제재의
체계를 형사제재의 이원주의라 한다.

일부 범죄피해자는 형벌과 보안처분의 형사제재로 범죄자
를 확실히 응보를 가할 수 있다고 생각하지 않는다. 많은 범죄
가 아는 사람으로부터 발생한다. 그래서 피해자 대부분은 범죄
자가 자신의 연인, 가족, 친인척, 이웃, 급우, 동료인 경우 그가
처벌받기보다는 원만하게 사회에 복귀하기를 바란다. 즉 범죄
자가 법을 준수하는 시민이 될 수 있기를 바란다. 따라서 사회
복귀는 피해자들과 사회 모두에 대해 각각 한층 진보된 이익을
가져다주는 대책이 될 수 있다.

죄를 지으면 벌을 받는다. 당연하게 받아들이는 이 말을 되
새겨 보면 많은 생각이 든다. 사람을 죽였다 해서 또 다른 생
명을 앗아 가는 사형이 과연 옳은 처사일까? 피해자의 가족은
그로써 위안을 받을 수 있을까? 피해자와 가족이 위안을 받더

라도 그것이 궁극적으로 형사사법의 정의를 꾀하는 것일까? 너무나 당연하게 받아들이고 있기에 오히려 본질이 묻혀 버리는 경우도 있다. 범죄자에 대한 처벌과 처우에 대한 고민은 우리가 잊고 있던 정의의 본질을 다시 한 번 생각하게 한다.

원상회복 또는 피해배상

범죄피해자는 응보나 사회복귀보다 원상회복을 원하기도 한다. 범죄피해자는 자신의 피해가 보상받고 손해가 배상되도록 국가가 도와주기를 원한다. 범죄자의 원상회복은 피해자가 범죄를 당하기 이전의 상태로 돌아가는 데 보탬이 된다.

원상회복은 일단 범죄자의 금전적인 배상을 통해 이루어진다. 한편 다른 사람의 범죄행위로 인해 생명이나 신체에 대한 피해를 받은 국민은 법률이 정하는 바에 의해 국가로부터 구조를 받을 수 있다.

범죄피해자보호법은 피해의 전부 또는 일부를 배상받지 못하는 경우, 자기 또는 타인의 형사사건의 수사나 재판에서 고소·고발 등 수사단서를 제공하거나 진술, 증언 또는 자료제출을 하다가 구조대상 피해자가 된 경우 그 피해자나 유족에게 범죄피해 구조금을 지급하게 한다(제16조, 제32조).

이러한 범죄피해자구조에는 국가가 범죄에 대한 예방책임을 다하지 못했기 때문에 이에 대한 책임을 져야 한다는 생각, 국가가 생활 곤궁자를 구제하듯이 범죄피해자에게도 그러한 보상이 이루어져야 한다는 생각, 국가가 국민을 범죄로부터 완벽하게 보호할 수는 없으므로 이를 세금에 의한 위험의 분산으로 해결해야 한다는 생각 등이 들어 있다.

범죄피해자가 필요로 하는 지원

범죄피해자는 범죄자의 처벌, 범죄자의 처우, 자신을 위한 원상회복이나 피해보상 등 어떤 조치가 이루어지건 간에 국가가 범죄행위에 효과적으로 대응해 주기를 원한다.

실제 범죄사건이 발생한 경우 범죄피해자가 필요로 하는 지원은 고소와 고발·수사기관의 소환·법원 출두·증언 등에 관련된 법률적 문제에 대한 지원, 생계지원과 취업알선 등을 비롯한 경제적 지원, 응급조치와 신체적 상해에 대한 치료 등의 의료 지원, 즉각적인 개입에서부터 보다 장기적인 심리적 치료 등을 포함한 심리 문제에 대한 지원 등 다양하다.

보다 구체적으로 생각하자면 피해자의 신체적 피해가 있을 경우에는 그에 대한 응급조치와 구호활동이 빠른 시간 내에 이루어져야 할 것이다. 범죄사건은 피해자에게 충격적인 경험이 될 수 있으며 심리적인 손상이 일어날 수 있기 때문에 피해자의 심리적 안정감을 확보하는 등 적절한 조치가 있어야 한다. 의료적 처우와 심리적 상담 등의 조치들이 신속하고 적절하게 이루어진다면 피해의 결과를 줄이는 데 큰 도움이 될 것이다. 또한 대부분의 범죄사건에서 사건현장은 우선적으로 수사를 위해 보존되어야 하지만, 수사상 필요한 조치가 끝난 이후에는 누군가의 도움을 통해 정리되어야 한다. 범죄사건 이후에는 피해자에게 형사적·민사적 문제에 대한 법률적 조력이 필요하기도 하다. 더불어 일부의 범죄사건에 있어서는 즉각적인 경제적 지원이 필요할 수도 있다.

최소한 위의 사항에 대해서는 즉각적이면서 적극적인 조치가 이루어져야 한다. 범죄피해자는 권한 남용 또는 사실의 조작뿐만 아니라 아무런 조치가 이루어지지 않는 것, 즉 관심 부족과 무관심도 원치 않는다.

피해자의 욕구(needs)에 부합하는 피해자지원을 위한 활동은 국가나 공공기관의 노력만으로 부족하다. 특히 범죄와 관련된 국가기관인 형사사법기관은 기본적으로 범죄의 수사, 재판, 처벌을 본질적인 업무 내용으로 하기에 범죄피해자를 지원하는 것은 한계가 있다. 형사사법기관이 피해자를 보호하는 것은 피해자에게는 분명 도움이 되지만, 형사소송의 원칙과 절차를 감안한다면 완벽한 조치가 이루어지기는 쉽지 않다.

유럽, 미국, 일본 등의 국가에서는 범죄피해자보호를 위한 민간단체 활동의 역사가 오래되었으며, 범죄피해자지원과 보호를 위한 활동의 상당 부분이 국가의 지원을 받는 민간단체에서 이루어진다. 이들 나라에서는 1970년대부터 민간 차원에서 범죄피해자를 지원하기 위한 자원봉사활동이 전개되었다. 1980년대에 들어서면서 민간 차원의 피해자지원에는 여러 측면에서 한계가 있다는 인식이 뚜렷해지면서 국가 차원에서 범죄피해자를 지원하기 위한 법률과 제도 정비가 이루어졌다.[20] 이에 따라 종래 산발적으로 활동해 온 여러 민간단체들이 전국적인 네트워크를 구축하게 되고 국가기관과의 협조와 재정지원을 받아 피해자지원이 보다 체계적으로 이루어지게 되었다.

피해자의 회복을 위한 노력

회복적 사법

　범죄자 처벌에 초점이 맞춰져 있는 현재의 형사사법체계와는 달리 회복적 사법(restorative justice)은 가해자와 피해자는 물론 범죄문제에 대해 일정한 이해관계를 갖고 있는 지역사회 공동체까지 범죄사건의 해결주체로 끌어들인다. 또한 회복적 사법은 그들 사이의 상호 이해, 화해, 원상회복 등을 통해 사회 공동체의 평화를 회복하고자 한다.

　전통적 형사사법에 비해 회복적 사법이란 말은 긍정적 이미지를 갖는다. 예컨대 응보나 처벌이라는 말보다는 화해 내지 회복을 내세우는 점은 사람들의 관심을 끌기에 충분할 정도로

매혹적이다. 따라서 미국과 유럽 국가는 회복적 사법과 관련하여 단순한 이론적 차원의 논의를 넘어 다양한 프로그램을 개발하여 시행하고 있으며 형사사법제도에 많은 변화를 꾀하고 있다. 우리의 경우도 이념과 이론적 논의를 넘어 회복적 사법의 실천을 위한 구체적 방안들이 논의되기 시작했다.

형사사법체계는 세 가지 유형으로 구분할 수 있다. 전통적인 형벌에 기초를 둔 응보적 사법(restitutive justice), 범죄자의 처우에 중점을 두는 배분적 사법(distributive justice), 회복적 사법(resotrative justice) 등이 그것이다.

응보적 사법과 배분적 사법은 범죄자의 행위에 대한 통제에 초점을 두고 있다. 하지만 회복적 사법은 범죄행위로 인해 발생한 손해의 회복을 꾀하며, 이 회복 과정에서 범죄자뿐만 아니라 피해자도 문제해결의 주체가 된다.

회복적 사법의 이념은 결국 사람 사이에 발생하는 갈등에 대한 해결방안을 관련 당사자들의 자발적 참여와 대화를 통해 찾아보자는 것이다. 그래서 회복적 사법의 이념과 프로그램은 범죄문제뿐만 아니라 살아가면서 야기되는 민사상의 갈등, 이혼 등 가정 내의 불화, 학교나 직장에서 발생하는 성희롱이나 차별 등의 문제에도 다양하게 적용되고 있다.

회복적 사법의 주요 개념

회복적 사법에 대한 개념은 관점에 따라 차이가 있다. 또한 각 개념은 나라마다 조금씩 다른 의미로 사용되고 있고, 이런 개념을 다른 언어로 정확하게 번역하기 어렵기에 다양한 종류의 용어들이 혼재되어 있기도 하다.

회복적 사법의 개념을 정리하기 어려운 가장 큰 이유는 문제를 해결하는 과정(process)을 중시하는 관점과 범죄로 발생한 피해를 회복하는 결과(outcome)를 중시하는 관점의 차이에서 비롯된다. 예를 들어 가해자, 피해자, 지역사회 구성원 사이의 대화와 화해를 이끌어 내는 절차적 과정에 초점을 둔다면, 회복적 사법은 범죄에 이해관계를 가진 당사자가 모여 범죄의 결과 및 의미를 어떻게 다루어야 할 것인지를 논의하는 과정이다. 이에 반해 회복적 사법의 이념적 가치를 피해회복이라는 결과에 둔다면, 회복적 사법은 범죄로 야기된 피해의 회복을 꾀하면서 정의를 실현하는 모든 행위라고 정리된다(McCold, 2008).

기본적으로 회복적 사법은 전통적 형사사법과는 다른 관점에서 출발한다. 전통적 형사사법은 국가기관인 형사사법기관과 범죄자에 초점을 두고 책임에 따른 제재와 처벌을 목적으로 하고 있다. 그러나 지역사회 내의 소통을 통한 범죄문제해결에 초점을 두고 있는 회복적 사법은 수평으로 뻗어 가는 리좀(rhizome: 뿌리줄기)에 비유할 수 있다.[21] 범죄는 지역사회에서 야기된 많은 사회문제의 하나이며, 처벌이 아닌 지역사회의 조화와 관계 회복에 제재의 의미를 두고 있다. 그렇기에 그동안 잊힌 존재인 피해자도 범죄 해결에 중심으로 부각되고, 그 해결의 열쇠로 이해관계인의 직접 참여를 전제하는 대화와 타협을 강조하게 된다.

이를 바탕으로 정리하자면, 회복적 사법은 가해자, 피해자, 지역사회 구성원의 자발적이고 적극적인 참여로 범죄로 인한 피해를 회복하는 것이라고 할 수 있다. 전통적 형사사법은 수직적이고 대립적인 과정을 통한 제재와 처벌에 초점을 두지만 회복적 사법은 타협, 조정, 피해회복 등을 통해 피해자와 지역사회에 끼친 손해를 회복하는 것에 관심을 둔다.

한편 회복적 프로그램(restorative programme)은 회복적 절차를 사용하고 회복적 결과를 얻기 위한 프로그램이라고 정리할 수 있다. 여기서 회복적 절차(restorative process)란 피해자와 가해자, 그리고 경우에 따라서는 범죄행위로 영향을 받는 지역사회의 구성원들이 조정자의 도움을 받아 범죄행위로 인해 발생하는 문제들을 해결하기 위해 능동적으로 참여하는 절차를 의미한다. 그리고 회복적 결과(restorative outcomes)는 회복적 절차의 결과로 이루어진 합의라고 할 수 있다.

이러한 개념들을 통해 우리는 당사자의 자율적인 참여와 리좀의 상징인 비정형성이 회복적 사법의 핵심원리로 자리 잡고 있으며, 가해자와 피해자 및 다른 이해관계자들이 서로 얼굴을 마주하고 범죄피해의 회복을 위해 합의 가능한 방안을 이끌어내는 절차가 바로 회복적 사법의 고유한 특징임을 알 수 있다.

회복적 프로그램

회복적 사법의 이념에 바탕을 둔 회복적 프로그램은 다양하다. 잘 알려진 회복적 프로그램으로는 피해자와 가해자와의 조정(victim-offender mediation), 지역사회와 가족 그룹과의 회의(community and family group conferencing), 지역사회 참가에 의한 판결선고(circle sentencing), 회복적 보호관찰(reparative probation) 등이 있다.

회복적 프로그램은 형사사법절차의 각 단계마다 적용가능하다. 즉 경찰, 검찰, 법원, 교정기관은 모든 단계에서 회복적 프로그램을 검토할 수 있다. 형사사법의 각 단계 중 어느 단계에서나 회복적 프로그램을 실시할 수 있고, 일부 특별한 범죄나 분쟁의 경우 통상적인 형사사법절차보다 회복적 절차를 먼저 개시할 수도 있을 것이다. 예를 들면 학교 내에서 발생하는 경미한 범죄행위를 다루기 위해 조정이나 회복적 절차를 이용하는 학교 관련 프로그램 등이 이에 해당한다. 또한 회복적 프로그램은 형사사법기관이 아닌 지역사회 분쟁조정센터(neighbourhood mediation center)에서 운영할 수 있다.

일반적으로 회복적 프로그램은 다음과 같은 특징을 가진다. ① 개별 사건에 대해 피해자와 가해자 및 참여가 가능한 모든 사람, 그 사건을 둘러싼 여러 환경까지 고려하는 유연한 대응이다. ② 개인의 존엄과 평등을 존중하고 상호이해를 증진시키며 피해자, 가해자, 지역사회와 그 구성원의 치유를 통해 조화를 꾀할 수 있다. ③ 회복적 프로그램은 형사사법절차에서 나타나는 낙인 효과를 줄일 수 있는 실체적 대체안이다. ④ 전통적인 형사사법절차와 형사제재를 함께 적용할 수 있다. ⑤ 잠재되어 있는 분쟁의 원인뿐만 아니라 그에 따른 실질적인 문제해결 방안을 찾을 수 있다. ⑥ 범죄피해자의 현실적인 욕구를 찾을 수 있다. ⑦ 심각한 범죄행위를 포함하여 다양한 유형의 범죄와 범죄자를 처리하기 위해 적합한 접근 방법이다. ⑧ 가해자가 청소년인 경우 새로운 가치 형성에 도움이 되는 방안이다. ⑨ 범죄와 사회적 무질서를 예방하고 대처하는 데 지역사회의 역할을 인식할 수 있는 조치이다.

다양한 회복적 프로그램의 핵심은 피해자와 가해자의 직접 참여 원칙이라고 할 수 있다. 한편 피해자와 가해자뿐만 아니라 지역사회 구성원의 참여가 요구된다. 따라서 회복적 프로그램이 성공적으로 운영되려면 지역사회의 역량을 강화해야 하고, 기존 형사사법제도에 안주하려는 생각을 버려야 한다.

회복적 프로그램 운영의 쟁점

형사사법에서 회복적 프로그램을 운영한다면 예상되는 문제점에 대한 충분한 고려가 있어야 하겠다. 필요한 회복적 프로그램의 종류, 회복적 프로그램을 적용하기 위한 전제 조건, 회복적 프로그램을 적용하는 범죄의 종류, 형사절차에서 회복적 프로그램의 적용 단계, 회복적 프로그램 결과에 대한 형사사법 체계의 법적 효과 부여 여부 등에 대해 충분한 생각이 뒷받침

되어야 할 것이다.

기존의 형사사법의 틀과는 다른 관점에서 접근하는 회복적 사법은 많은 장점이 있다. 그러나 법이론적으로 해결해야 할 쟁점 또한 많다. 무엇보다도 전통적 형사사법과 회복적 사법의 체계는 근본적으로 그 작동 원리가 다르다. 따라서 어떻게 전통적 형사사법과 회복적 사법의 역할을 분담할 것인지에 대한 논의가 필요하다.

한편 회복적 사법의 절차는 통상적인 형사사법절차와 달리 엄격한 규정 및 형식에서 벗어나야 한다. 그러나 회복적 프로그램에 참여하는 가해자에게 여전히 공식적인 형사사법체계에 의한 제재의 가능성이 남아 있다면 규정을 벗어난 회복적 프로그램은 형사사법절차에서 요구되는 적정절차의 원칙에 어긋날 수 있다. 또한 회복적 사법의 절차는 공정해야 한다. 누구나 수긍할 수 있는 공정성을 확보한 사법적 절차만이 이해당사자들의 화해와 회복을 이끌어 낼 수 있다.

회복적 프로그램은 수사 단계부터 경찰이나 검찰의 재량적 판단에 따를 수 있다. 그런데 회복적 절차에서 가해자가 피해자의 손해배상 등에 합의한다면 그것은 가해자가 스스로 유죄를 시인한 것으로 받아들일 수 있다. 이 때문에 회복적 프로그램이 무죄추정의 원칙에 반한다고 생각할 수 있다. 반면 회복적 프로그램은 가해자가 자발으로 참여하며, 피해회복을 위한 조치는 강제적으로 부과되는 형사제재가 아니라 자발적인 책임 인수이기 때문에 무죄추정의 원칙에 반하지 않는다는 주장도 있다.

가해자가 회복적 프로그램에 참여하는 것이 진정 자발적인 선택인지는 여전히 논란거리이다. 가해자가 유죄판결과 형벌을 받게 될 위험을 회피하고 가능한 한 사건을 빨리 해결하기를 원하여 회복적 프로그램을 선택할 수 있기 때문이다. 한편 많은 피해자는 회복적 프로그램을 통해 상징적인 보상, 예를 들어 진심 어린 사과를 바란다. 그러나 진심에서 우러나는 사과는 어떤 것인지, 그것을 회복적 프로그램을 통해 기대할 수 있는 것인지 등의 문제가 여전히 남는다.

회복적 사법에 대한 또 다른 쟁점은 그것이 형벌의 감축인가 아니면 사회통제망의 확대인가 하는 점이다. 회복적 사법이 꾀하는 갈등해결절차와 피해회복이 다른 한편으로 사회통제망을 확대시킨다는 비판도 따른다. 회복적 사법은 지역 사회공동체가 범죄문제 해결에 깊숙이 개입하는 것을 전제로 하기 때문에 경미한 범죄를 저지른 자에게는 오히려 사회통제망이 확대된다는 것이다. 예컨대 회복적 절차 참여, 피해자와 화해 등이 보호관찰의 조건으로 부과될 수 있다. 이는 어느 면에서는 범죄자에 대한 추가적 제재로 기능할 수 있다.

형사조정

형사사건을 조정에 의뢰하고 그 결과를 사건처리 또는 판결에 반영하는 일체의 절차를 형사조정이라 한다. 여기서 조정(調

停, mediation)이란 중립적 위치에 있는 제3자가 사건 당사자를 중개하고 쌍방의 주장을 절충하여 화해에 이르도록 도와주는 것이다. 화해(和解, compromise)는 분쟁의 당사자가 양보하여 분쟁을 종료시키는 것이며, 당사자가 직접 분쟁해결에 나서지 않고 제3자에게 맡기는 중재(仲裁, arbitration)와 구별된다. 조정과 중재는 재판에 의하지 않고 분쟁 당사자 사이에 제3자가 개입하여 화해를 이끌어 낸다는 점에서 일상적인 의미로는 큰 차이가 없으나 법률적으로는 구별된다. 즉 중재는 제3자의 판단이 법적인 구속력을 가지며 당사자는 이에 따라야 한다. 반면 조정은 제3자의 조정안에 대해 분쟁 당사자들이 승낙하면 화해가 이루어지지만 그 조정안이 법적인 구속력은 없어 당사자들이 이를 수용하지 않을 수도 있다.

형사조정의 절차는 기존 형사절차와 많이 다르다. 형사절차는 간략하게 수사, 검찰 송치, 혐의유무 결정, 법원 판결 등의 순서로 진행된다. 이는 국가 형사사법이라는 이념에 따라 국가기관인 경찰과 검찰의 수사와 법원의 판단에 의해 사건이 처리됨을 의미한다. 그런데 이는 국가기관 외에는 사건 당사자나 제3의 기관이나 단체 등의 개입 여지가 거의 없다는 것을 의미하기도 한다. 물론 친고죄나 반의사불벌죄의 경우는 고소인이나 피해자의 의사에 따라 사건이 종결되기도 하지만 이는 형사정책적 고려에 의한 특별한 경우에 해당한다.

그러나 형사조정은 사건처리에 조정이라는 별도 절차를 통해 국가기관이 아닌 중립적인 조정자가 절차에 참여하며, 사건 당사자가 화해에 능동적으로 참여하고, 그 조정결과가 사건처리에 반영된다는 점에서 기존의 형사절차와는 다르다.

형사조정의 이념

전통적 형사사법은 형벌이라는 제재를 통해 범죄의 예방효과와 범죄자의 사회복귀를 꾀할 수 있다고 믿는다. 그러나 오늘날에는 이와 같은 형사사법의 기대 효과에 의문이 제기된다. 형벌을 통해 범죄에 대한 대응을 강화해도 오히려 범죄율과 재범률 등이 줄어들지 않았으며, 엄벌에 처하는 것이 효과적이지 않은 많은 범죄들이 있기 때문이다.

형사사법에 대해 반성하고 형벌 집행의 방법 등을 개선하여 형사제재의 효율성을 높이려는 노력은 예나 지금이나 꾸준하게 이어져 왔다. 그 결과 전통적 형사사법을 보완, 대체하는 회복적 프로그램이 운영되기 시작했다. 형사조정제도는 바로 이러한 프로그램의 하나라고 할 수 있다. 가능한 한 국가기관의 개입을 최소화하고 지역사회 구성원이 개입하도록 하며 범죄자와 피해자 간의 합의를 반영하는 형사조정제도는, 지금까지의 국가형사사법의 고정 개념에서 벗어난 시스템일 뿐만 아니라 또 다른 형사사법체계의 하나로 보아도 무방할 것이다. 이렇듯 형사조정은 분쟁의 원만한 해결과 피해자의 피해회복을 꾀하는 회복적 사법의 이념에 그 토대를 두고 있다.

형사조정의 기대 효과

형사조정을 통해 기대할 수 있는 효과는 다음과 같다.

첫째, 민사사건의 형사 분쟁화 등 소송으로 치닫는 각종 분쟁을 자율적으로 해결하여 사회의 전반적인 분쟁해결능력을 높일 수 있다. 분쟁해결의 시스템을 다원화하여 분쟁에 따른 부작용을 최소화하는 것이다. 아울러 사회적으로도 분쟁의 자율적 해결 분위기를 확산시키는 계기를 마련할 것으로 전망된다.

둘째, 형사조정은 소송비용을 줄일 수 있다. 가벼운 분쟁이나 사소한 시비로 인한 사건은 사회적 통합의 저해요인이 되며 형사사법기관 업무를 가중시켜 사회적 비용의 증가를 가져온다. 그러나 형사조정은 가해자, 피해자, 조정자가 모여 분쟁이 사법적 절차로 나아가지 않도록 해결하려 하기 때문에 과다한 소송비용을 줄이는 효과를 거둘 수 있다. 형사사법기관의 입장에서도 형사조정은 폭주하는 형사사법 비용을 줄이고 사건유입을 감소시키는 대안이 될 수 있다.

셋째, 형사조정은 사회적 명예, 정신적 충격 등 개인적 피해의 조기 구제가 가능하다. 당사자 사이의 사소한 분쟁이 형사사건화되어 그들이 경찰, 검찰, 법원에 드나들게 되면 자연스레 지역사회에 특정 행위사실이 노출되는 등 개인적 피해가 발생한다. 그러나 비공개로 진행되는 형사조정을 통해 사건을 신속히 해결한다면 불필요한 피해를 줄일 수 있다.

넷째, 형사조정은 지역사회의 분쟁해결에 기여할 수 있다. 범죄는 분명 사회문제인 동시에 지역사회의 문제이다. 따라서 그 문제의 해결법은 지역사회에서 찾아야 한다. 현재의 형사사법 절차는 경찰, 검사, 법원으로 이어지는 국가기관의 주도로 이루어진다. 사건에 직접적 관계가 있는 피해자, 분쟁의 이해 당사자, 지역사회의 참여는 배제되었다. 그러나 피해자의 권리의식 신장, 그에 따른 형사절차 참여 욕구 증대, 지역사회와 구성원의 사법절차에 대한 관심 증대, 새로운 대체적 절차를 통한 분쟁해결 모색 노력은 결국 지역사회에 의한 분쟁해결 역할 증가를 가져왔고, 그 결과 형사조정이 자리 잡게 된 것이다. 이렇듯 형사조정은 지역사회에 조정자 역할을 위임하여 수사기관이 본연의 업무에 충실하도록 만들 수 있다.

다섯째, 형사조정을 통해 분쟁 당사자는 만족을 찾을 수 있다. 일반적으로 형사조정에 회부된 사건은 이웃, 친구 등 서로 안면이 있고 가까운 사이에 있는 자들 사이의 폭행, 협박, 괴롭힘 등 가벼운 분쟁이다. 가까운 사이에 있는 사람들 사이의 분쟁에 대해 검사와 법원은 진실을 가리기 어렵다. 또한 경험적으로 전통적인 사법적 절차에 의한 결정은 분쟁 당사자 간 감정의 골을 더욱 깊게 하여 결국은 더 큰 범죄로 발전하는 경우가 많았다. 형사조정은 검사와 판사가 전통적인 사법적 해결 외의 대체적인 해결방법을 찾은 결과라고 할 수 있다. 형사조정을 통해 피해자는 피해복구를 통한 손해의 보전, 범죄에 대한 복수와 응징 감정의 해소, 사회적 의사결정에 참여했다는 만족감을 얻을 수 있다. 한편 가해자는 피해회복을 위해 노력하는 동시에 자신의 행위에 대한 책임을 이해하고 수용하면서 재사회화될 뿐만 아니라 피해회복에 따른 양형 참작의 기회를 얻을 수도 있다.

마지막으로 형사조정은 실질적인 피해회복에 기여할 수 있다. 특히 피해복구 등이 더욱 절실한 법률 소수자나 약자에게 형사조정은 중립적인 조정자를 매개로 한 조정을 통해 피해를 회복할 수 있도록 하여 실질적인 피해회복을 꾀할 수 있다.

형사조정절차

형사조정의 법적 근거

범죄피해자보호법은 범죄피해자 보호·지원을 범죄피해자의 손실 복구, 정당한 권리 행사 및 복지 증진에 기여하는 행위라고 정의한다(제3조 제1항 제2호). 또한 이 법은 국가 및 지방자치단체가 범죄피해자의 피해정도, 보호·지원의 필요성 등에 상응하여 범죄피해자에게 상담, 의료제공, 구조금 지급, 법률구조, 취업관련 지원, 주거지원, 그 밖에 범죄피해자의 보호에 필요한 대책을 마련해야 한다고 규정하고 있다(제7조). 이에 따라 형사조정은 법률 서비스의 하나로 이해할 수 있다.

범죄피해자보호법 제41조는 검사가 당사자, 즉 피의자와 범죄피해자 사이에 형사 분쟁을 공정하고 원만하게 해결하여 범죄피해자가 입은 피해를 실질적으로 회복하는 데 필요하다고 인정하면 당사자의 신청 또는 직권으로 수사 중인 형사사건을 형사조정에 회부할 수 있도록 하고 있다. 구체적인 절차에 관해서는 형사조정 실무운용 지침(대검찰청예규 제548호)에 규정하고 있다.

형사조정 대상사건과 형사조정위원

형사조정의 대상이 되는 사건은 조정을 통해 해결함이 바람직한 사적 분쟁사건과 피해자의 피해복구를 통해 법적 규범력을 회복하고 가해자의 사회통합에도 기여할 수 있는 사건이다. 구체적으로 ① 차용금, 공사대금, 투자금 등 개인 간 금전거래로 인해 발생한 분쟁으로서 사기, 횡령, 배임 등으로 고소된 재산범죄 사건 ② 개인 간의 명예훼손이나 모욕, 경계 침범, 지적재산권 침해 의료분쟁, 임금체불 등 사적 분쟁에 관한 고소사건 ③ 기타 형사조정에 회부하는 것이 분쟁해결에 적합하다고 판단되는 고소사건 ④ 고소사건 이외의 일반 형사사건으로서 위 ①~③에 준하는 사유가 있는 사건 등은 형사조정에 의뢰할 수 있다(형사조정 실무운용 지침 제3조 제1항).

결국 검찰에서 수사 중인 사건 모두는 그 대상이 될 수 있다. 형사조정을 통해 사건을 해결하고 피해를 회복하는 것이 적절한 사건은 당사자가 동의하면 모두 조정절차를 활용할 수 있다. 그러나 형사조정 대상사건이라 하더라도 당해 사건에서 피고소인 또는 피의자가 도주나 증거인멸의 우려가 있는 경우, 공소시효 완성이 임박한 경우, 고소장 및 증거관계 등에 비추어 혐의가 명백히 인정되거나 또는 불기소처분의 사유에 해당

함이 명백한 경우는 형사조정에 의뢰되지 않는다(범죄피해자보호법 제41조, 실무운용지침 제3조 제2항). 다만 불기소처분의 사유라도 기소유예처분의 사유에 해당하는 경우는 형사조정에 회부할 수 있다.

형사조정을 담당하기 위해 각급 지방검찰청 및 지청에 형사조정위원회를 둔다(범죄피해자보호법 제42조). 형사조정위원은 형사조정에 필요한 법적 지식 등 전문성과 덕망을 갖춘 사람 중에서 관할 지방검찰청 또는 지청의 장이 위촉한다(제42조 제2항).

당사자의 동의와 철회

형사조정은 사건 당사자의 동의가 있어야 한다(형사조정 실무운용 지침 제6조). 형사조정위원회는 검사로부터 형사조정을 회부받으면 당사자 모두의 동의가 있음을 확인해야 한다(제6조 제2항). 형사조정은 회복적 프로그램이라는 것에는 이견이 없다. 따라서 형사조정은 조정이라는 절차를 통해 회복 과정을 꾀하는 것을 내용으로 한다. 여기서 조정자의 역할은 피해자와 가해자의 대화를 적절히 조절하여 당사자들이 문제해결에 다가갈 수 있도록 하는 것에 그치고 합의를 강제하지 않는 것이 일반적인 형태이다. 그래서 형사조정은 동의가 전제되어야 한다. 이에 따라 형사조정제도의 법적 근거인 범죄피해자보호법이나 형사조정 실무운용 지침은 동의를 필요요건으로 규정하고 있다. 이와 함께 고소인 또는 피해자, 피의자 모두는 조정 절차의 모든 과정에서 자유롭게 조정참여 의사를 철회할 수 있어야 한다. 그러나 형사조정 관련 법규에서는 철회에 대한 근거 규정은 두고 있지 않다.

물론 절차의 과정에서 당사자 중 어느 한쪽이 조정기일에 계속 불출석 할 경우에 조정의사가 철회된 것으로 볼 수 있다. 당사자 중 어느 한쪽이 조정참여 의사를 철회하면 사건은 다시 검찰로 송부되어 정식 수사절차가 개시된다. 당사자의 자발적 절차 참여는 형사조정절차의 모든 과정에서 보장된다.

송치 고소사건의 형사조정

형사조정에 넘어온 사건은 1개월 이내에 조정절차를 거쳐 그 결과를 검찰에 알려야 한다(형사조정 실무운용 지침 제25조 제2항). 조정기간의 제한은 신속한 사건처리를 꾀하기 위한 것이다.

형사조정이 성립되면 원칙적으로 형사사법절차는 종료된다. 다만 범죄 혐의가 명백한 경우 형사조정이 성립되더라도 불기소처분 되는 것이 아니라 양형 감경 등 참작사유만 될 뿐이다. 형사조정이 성립되지 않는 경우는 통상의 수사절차로 복귀하여 정식 수사가 개시되지만, 형사조정이 성립되지 않았다는 사정이 피고소인, 즉 가해자에게 불리하게 작용해서는 안 된다(제27조 제1항).

형사조정이 진행되어 조정이 성립되거나 또는 성립되지 않는 등 조정절차가 종료되면 당해 사건의 형사조정위원들은 형사조정결정문을 작성한다. 형사조정결정문은 형사조정 절차 종료 즉시 형사조정을 의뢰한 검사에게 통보해야 한다.

형사조정의 결정문은 집행권원(국가에 의해 집행력이 부여된 증서)이 아니다. 즉 민사집행법상의 강제집행력을 갖지 못한다. 따라서 가해자가 조정에 합의한 내용을 이행하지 않으면 피해자는 다시 법원에 민사소송을 제기하여 집행권원을 확보해야 한다.

종합적인 피해자대책을 위해

범죄피해자보호법

　범죄피해자보호법은 범죄피해자 보호의 기본이념과 기본시책을 비롯하여,[22] 국가와 지방자치단체의 책무를 규정한다.[23] 또한 범죄피해자 보호와 지원에 관한 기본계획을 수립하여 정책에 반영하도록 하고 있다. 또한 범죄피해자 지원 단체에 대한 보조금지급의 근거와 요건을 정해 범죄피해자에 대한 각종 보호와 지원을 위한 체계적인 토대를 마련하고 민간 차원의 범죄피해자 지원 활성화를 이끌어 낼 수 있도록 했다. 이와 함께 형사소송법, 법원조직법, 특정범죄신고자 등 보호법, 법률구조법, 소송촉진 등에 관한 특례법 등 관련 법률의 개정 및 통폐합을 추진했다.

범죄피해자보호법에 따라 피해자지원센터 등 민간 지원 단체의 법적 근거를 마련했다(제15조). 2004년 10월부터는 전국 검찰청에서 범죄피해자보호 및 지원을 위한 전담검사 및 담당관을 지정하여 범죄피해자에 대한 보호와 지원 업무를 담당하도록 했고, 경찰도 범죄피해자를 보호하고 지원하기 위해 피해자 서포터 제도 등을 운영하고 있다.

경찰, 검찰, 법원 등 형사사법기관을 포함한 국가기관의 피해자보호 정책은 한계가 있다. 또한 형사사법기관과 범죄피해자 사이에는 해소할 수 없는 정서적인 간극이 존재한다. 즉 범죄피해자의 경우 국가에 대한 불신이나 불안 때문에 형사사법기관 등 국가기관에 접촉하는 것을 꺼리거나, 지나치게 높은 기대로 인해 실망과 분노를 느낄 수도 있다. 이러한 까닭에 민간피해자지원센터의 역할은 중요하다.

범죄피해자보호법은 범죄피해자지원센터에 대해 다음과 같은 규정을 두고 있다. 범죄피해자 지원을 목적으로 법인을 설립하여 운영하고자 할 때에는 법이 정하는 요건과 절차에 따라 법무부장관에게 등록하고, 등록된 법인(범죄피해자지원법인)의 건전한 육성과 발전을 위해 국가나 지방자치단체는 필요하다고 인정할 때에는 예산의 범위 안에서 보조금을 교부할 수 있도록 했다(제33조, 제34조).

우리나라 범죄피해자지원센터의 가장 큰 특징은 검찰이 후원하여 지원센터가 전국 검찰청별로 설립되었다는 점이다. 또한 설립 초기부터 범죄예방지역협의회와 긴밀한 협력관계를 유지하고 있는 것도 또 다른 특징으로 꼽을 수 있다.[24]

피해자의 권리장전

형사절차에서 피해자대책은 피해자의 권리보호에 도움이 될 뿐만 아니라 사건 실체에 대한 접근을 용이하게 한다. 궁극적으로는 형사사법에 대한 국민의 신뢰를 높이는 효과를 기대할 수 있기 때문이다.

우리의 경우 피해자의 보호 또는 지원을 위해 제정한 범죄피해자보호법은 범죄피해자의 권리를 보호하고 지원하는 기본 틀과 종합 계획을 분명히 밝히고 있는 종합적인 범죄피해자대책이라고 할 수 있다. 또한 이 법은 여기저기 흩어져 규정된 피해자보호 관련 규정을 일괄적으로 정비하기도 했다.

범죄피해자보호법은 선언적인 성격을 띠고 있다. 그러나 범죄피해자보호법에 규정된 시책에 대해 특별법이나 하위법규는 범죄피해자보호법의 내용과 모순되지 않게 집행을 해야 한다. 범죄피해자 기본계획 역시 범죄피해자보호법의 내용을 토대로 수립되어야 한다. 따라서 범죄피해자보호법의 선언적 성격에도 불구하고 그 규범력은 충분하다고 할 수 있다. 다만 범죄피해자보호법에 따라 범죄피해자지원센터를 갖추어 나가는 데 있어서 관(官) 중심(예컨대 검찰의 적극적인 후원)으로 설치하는 것은 많은 생각거리를 제공한다. 민간지원을 장려하고자 했던 본래의 취지가 퇴색될 염려가 있기 때문이다.

　범죄피해자보호법은 피해자대책에 있어서 크게 세 가지 방향을 제시하고 있다. 하나는 범죄피해자의 형사사법절차 참여 확대, 다른 하나는 형사사법기관을 통해 야기될 수 있는 제2차 피해자화의 예방을 위한 제도적 장치의 마련, 마지막으로는 피해회복, 즉 원상회복을 위한 개선방안의 강구 등이다. 이에 더하여 수사과정에서 형사절차 개요 설명, 수사의 진행에 관한 설명 등 피해자의 구제 또는 불안의 해소에 도움이 된다고 인정되는 모든 사항을 통지하는 정보제공의 노력은 계속되어야 하며, 그 범위 또한 더욱 확대되어야 할 것이다. 이울러 재피해 방지를 위한 노력도 요구된다.

　민간 차원의 피해자보호와 지원체계가 제대로 정착되기 위해서는 경찰과 검찰, 법원, 교정기관 등의 긴밀한 협조체제가 필요하다. 각 지역에 흩어져 활동하는 각 관련 단체들을 조직화하여 유기적인 협조가 가능토록 해야 하겠다.

　국가와 범죄자를 중심으로 한 전통적인 형사사법체계에서는 피해자보호와 지원의 구체화가 결코 쉬운 일이 아니다. 단순히 피해자를 보호 또는 지원한다는 생각에 그 방안만을 나열식으로 제시하고 시행하는 것이 아니라 피해자의 실질적인 권리 확인과 그를 위한 정책의 적극적인 추진이 필요하다. 궁극적으로는 현재의 범죄피해자보호법에 머무르는 것이 아니라 범죄피해자 권리장전으로서의 기본 틀을 마련하고 이를 다듬어 나가야 할 것이다.

1) 피고인(被告人)은 공소가 제기된 자로 수사절차에서 수사기관의 수사대상이 되는 피의자(被疑者)와 구별된다. 또한 피고인은 법원에 심판이 청구된 자라는 점에서 유죄판결이 확정된 수형자(受刑者)와 구별된다. 피의자는 공소제기에 의해 피고인이 되고, 피고인은 형의 확정에 의해 수형자가 된다.

2) 피해자를 학문적인 관심으로 끌어올린 사람으로 헨티히(Hans von Hentig, 1887~1974)를 이야기한다. 그의 주된 업적은 범죄피해자에 대한 학문적인 연구이다. 주요 저서로는 1932년에 출간된 『형벌(Die Strafe)』, 1948년에 출간된 『범죄좌와 그 피해자(The Criminal and his Victim)』 등이 있다. 헨티히는 멘델존(Benjamin Mendelsohn, 1900~1998)과 엘런베르거(Henri Ellenberger, 1905~1993)와 함께 초기 피해자학자로 분류된다.

3) 사전적 의미로 범죄자, 행위자, 가해자의 뜻을 살펴보자. 범죄자(犯罪者)는 범죄를 저지른 사람을 말하며 범죄인과 같이 쓰인다. 범죄행위의 주체가 되는 자연인을 말한다. 행위자(行爲者)란 어떤 일을 하는 사람이란 뜻이다. 형사법에서는 범죄 또는 개별범죄구성요건의 범죄행위를 저지른 사람이란 뜻으로 새길 수 있겠다. 그리고 가해자(加害者)는 다른 사람의 생명이나 신체, 재산, 명예 따위에 해를 끼친 사람을 말하는 것으로 피해자학에서 말하는 피해자(被害者)와 대응하는 용어로 사용할 수 있다.

4) 1917년 미국에서는 알코올음료를 양조·판매·운반·수출입하지 못하게 하는 미국 수정헌법 제18조가 연방의회에서 통과된 후 각 주의 승인을 얻어 1920년 1월 발효되었다. 그러나 실제로 실시되기 어려웠으며 밀조·밀매 등에 따르는 범죄가 크게 늘어나 1933년 수정헌법 제21조에 의해 폐지되었다.

5) 간통죄에 대해 헌법재판소 전원재판부는 2008년 탤런트 옥소리 씨 등이 제기한 간통죄 위헌법률심판 사건과 헌법소원 사건에 대해 헌법에 어긋나지 않는다고 선고했다. 재판부는 "간통죄는 과잉금지의 원칙에 위배해 성적 자기결정권, 사생활의 비밀과 자유를 침해하지 않으며 징역형만 규정한 법정형이 책임과 형벌 간 비례원칙에 비춰 과중하다고 볼 수 없다."고 했다(2007헌가17). 간통죄

에 대한 헌법재판소의 합헌결정은 1990년, 1993년, 2001년에 이어 2008년의 결정이 네 번째다. 그러나 앞의 헌법재판소의 합헌결정과 2008년의 합헌결정에는 시대 변화에 따른 생각 차이를 읽을 수 있다. 2008년의 경우 재판관 9명 중 과반수인 5명이 위헌(헌법불합치) 의견을, 4명이 합헌의견을 냈다. 위헌결정은 전체 재판관 9명 중 3분의 2인 6명 이상이 동의해야 하기 때문에 최종적으로 합헌이 됐다. 2008년에 이루어진 간통죄에 대한 헌법재판소의 결정은 사실상 위헌의견이 다수이긴 하지만 법률-유효성에 필요한 유효정족수가 채워지지 않았기 때문에 결론적으로는 합헌이라는 점이 이전의 태도와 다르다.

6) 형법 각칙에 규정된 행위가 법적 의미의 범죄이지만, 그에 한하지 않고 경범죄처벌법 기타 각종의 특별법이나 도로교통법 등 각종의 행정법규를 위반하는 행위도 그에 대해 형벌이 규정되어 있으면 모두 범죄가 된다. 따라서 교통법규의 위반행위도 살인죄나 절도죄와 마찬가지로 범죄이다.

7) 자신의 신체에 대한 상해행위(즉 자상행위나 자해)는 형법 제257조 제1항의 상해죄에 대한 구성요건해당성이 없기 때문에 원칙적으로 범죄가 되지 않는다. 그러나 병역법이나 군형법 등의 특별법에 의해 예외적으로 처벌될 수 있다.

8) 예를 들어 가정폭력범죄의 처벌 등에 관한 특례법(법률 제11005호)은 피해자를 가정구성원 사이의 신체적, 정신적 또는 재산상 피해를 수반하는 행위로 피해를 당한 자로 규정한다. 즉 가정폭력범죄로 인해 직접적으로 피해를 입은 사람을 말한다. 여기서 가족 구성원은 배우자(사실상 혼인관계에 있는 사람을 포함), 배우자였던 사람, 자기 또는 배우자와 직계존비속관계(사실상의 양친자관계를 포함)에 있거나 있었던 사람, 계부모와 자녀의 관계 또는 적모와 서자의 관계에 있거나 있었던 사람, 동거하는 친족을 말한다.

9) 범죄피해자보호규칙 제1장은 총칙 편으로 보호규칙의 목적과, 피해자에 대한 정의, 피해자보호의 원칙을, 제2장은 피해자보호추진위원회의 구성, 임무 및 운영을, 제3장은 구체적인 범죄피해자보호대책을 규정하고 있다.

10) 영어로는 victim assistance, victim support, victim service 등이 특별한 구별 기준 없이 혼용된다. 독일어로는 Opferhilfe 또는 Opferschutz라고 하며, 우리나라에서도 피해

자보호, 피해자지원, 피해자원조, 피해자구조 등의 용어가 혼용되고 있다.

11) 제노사이드(genocide)는 특정 집단을 멸절시킬 목적으로 그 집단의 구성원을 대량 학살하는 행위를 뜻한다. 유대인 법학자 렘킨(Raphael Lemkin, 1900~1959)이 인종이나 종족을 뜻하는 고대 그리스어 genos에 살인을 의미하는 라틴어 cide를 결합해 처음 만들었다(허버트 허시, 강성현 옮김, 『제노사이드와 기억의 정치』, 책세상, 2009).

12) 전쟁이나 홍수, 지진 등의 재난을 겪은 사람들에게 남겨진 정신적인 충격을 외상이라 부르며, 이 외상에 잇따라 나타나는 여러 가지 정신적·신체적 증상들을 총체적으로 외상 후 스트레스 장애라고 한다. 원래 외상은 외부로부터의 상처를 의미하지만, 이상심리학 및 정신심리학에서는 심리적·정신적인 의미의 상처를 가리킨다(김순진·김환, 『외상후 스트레스 장애』, 학지사, 2000).

13) 범죄수사규칙(경찰청훈령 제604호)은 고소사건을 수사할 때 무고, 중상을 목적으로 하는 허위 또는 현저하게 과장된 사실의 유무 등의 사항에 주의하여 수사해야 한다는 주의 규정을 두고 있으며(제47조 제2항), 고소가 있을 때 사법경찰관은 관할 구역 내의 사건 여부를 불문하고 이를 수리해야 한다(제42조 제4항).

14) 반의사불벌죄는 비교법적으로 볼 때 독특한 제도로서 피해자에게 상당히 강력한 권한이 부여되나 친고죄와의 관계가 불분명하게 설정되어 있다는 문제가 있다.

15) 검사는 범죄사실이 명백하게 되었거나 수사를 계속할 필요가 없는 경우에 수사를 종결한다. 수사결과 범죄의 객관적 혐의가 충분하고 소송조건을 구비하여 유죄판결을 받을 수 있다고 인정할 때에는 공소를 제기한다(형사소송법 제246조). 공소를 제기하지 않고 수사를 종결하는 불기소처분으로는 혐의 없음, 죄가 안 됨, 공소권 없음을 비롯하여 기소유예, 기소중지, 공소보류(국가보안법 제20조)가 있다.

16) 이에 해당하는 죄는 다음과 같다. ① 아동의 신체에 손상을 주는 학대행위 ② 아동에게 성적 수치심을 주는 성희롱, 성폭행 등의 학대행위 ③ 아동의 정신건강 및 발달에 해를 끼치는 정서적 학대행위 ④ 자신의 보호·감독을 받는 아동을 유기하거나 의식주를 포

함한 기본적 보호·양육 및 치료를 소홀히 하는 방임행위 ⑤ 아동
을 타인에게 매매하는 행위 ⑥ 아동에게 음행을 시키거나 음행을
매개하는 행위 ⑦ 장애를 가진 아동을 공중에 관람시키는 행위 ⑧
아동에게 구걸을 시키거나 아동을 이용하여 구걸하는 행위 ⑨ 정
당한 권한을 가진 알선기관 외의 자가 아동의 양육을 알선하고 금
품을 취득하는 행위 ⑩ 아동을 위해 증여 또는 급여된 금품을 그
목적 외의 용도에 사용하는 행위 등이다.

17) 청소년에 대한 강간·강제추행행위, 청소년이용음란물의 제작 또
는 배포행위, 청소년 매매행위, 청소년의 성을 사는 행위 및 강요행
위가 이에 해당한다.

18) 헌법 제27조 제5항에서 이야기하는 형사피해자는 헌법 제30조
의 범죄피해자보다 넓은 개념이다. 헌법 제30조의 범죄피해자는 생
명과 신체에 피해를 입은 사람에 한정되지만, 제27조 제5항의 형사
피해자는 모든 범죄행위로 인한 피해자를 뜻하기 때문이다.

19) 이를 비교법적으로 살펴보면 일본은 피해자의 신청이 있는 경우
증인으로 신문하지 않고 진술할 기회를 부여하도록 하고 있다(일
본 형사소송법 제292조의2 제1항). 그러나 피해자의 진술이나 서
면은 증거로 사용할 수 없도록 했다(제9항). 독일은 공판정에서 출
석한 자의 면전에서의 진술이 증인에게 불이익을 줄 위험이 있거나
증인의 출석이 불가능한 때 또는 당사자의 동의가 있는 때에는 법
정 외에서 증언할 수 있고, 이 경우 실시간으로 중계하도록 하고 있
다(독일 형사소송법 제274조a).

20) 범죄피해자대책에 관한 입법 전개과정은 대체로 다음과 같이 정
리할 수 있다. 첫 번째 단계로는 1960년대 영미권 국가를 중심으
로 전개된 범죄피해자보상제도의 도입이다. 1964년 뉴질랜드를 시
작으로, 같은 해 영국, 1966년 미국 캘리포니아 주에서 국가보상
제도가 정착되었다. 두 번째 단계로는 1970년대에 시작된 민간피
해자지원단체의 활동 시기이다. 1974년 영국의 피해자보호협회
(Victim Support, VS), 1975년 미국의 피해자보호협회(National
Organization for Victim Assistance, NOVA), 1976년 독일의
백색 고리(Weißer Ring) 등과 같은 민간 지원단체가 등장했다.
세 번째 단계는 형사절차에서 제2차 피해자화에 대한 관심이 높아
진 1980년대에 시작되었다. 이 시기에 UN은 1985년 범죄피해자
및 권력남용의 피해자를 위한 사법의 기본원칙에 관한 선언 등을

통해 형사사법기관이 피해자를 배려하고 피해자의 형사절차상 지위를 향상하도록 요구했다. 네 번째 단계는 1990년대 이후 범죄피해자 등의 법적 보호와 범죄피해자 관련 입법의 정비 시기라 할 수 있다.

21) 리좀은 들뢰즈(Gilles Deleuze, 1925~1995)와 가타리(Félix Guattari, 1930~1992)가 『천 개의 고원(Mille Plateaux)』에서 표제어로서 사용하면서 널리 알려지기 시작했다. 비중심성 네트워크, 개방체제, 탈 경계, 개별화, 비정형성 등을 내포하는 개념으로 이해할 수 있다(질 들뢰즈·펠릭스 가타리, 김재인 옮김, 『천 개의 고원』, 새물결, 2001).

22) 범죄피해로부터 조속한 회복, 범죄피해자의 명예와 사생활 보호, 당해 사건 등 각종 법적 절차에 참여할 권리 보장 등을 기본이념으로 규정하고 있다.

23) 범죄피해자보호에 대한 국가 등의 책무를 지원체제의 구축, 연구, 홍보, 관계자 교육, 법령 정비 등으로 규정했다.

24) 우리나라 최초의 민간피해자지원센터는 김천·구미 피해자지원센터이다. 2003년 9월 설립되었으며, 의료, 법률 상담 전문위원과 자원봉사자들의 도움을 받아 운영되고 있다. 센터의 재정은 김천시와 구미시의 보조금, 범죄예방지역협의회의 후원금 및 회비 등으로 충당하고 있다.

참고문헌

김성돈, 「피해자변호인제도의 도입방안」, 『피해자학연구』 제10권 제2 호, 한국피해자학회, 2002.

김용세, 『피해자학』, 형설출판사, 2010.

김지선·이동원, 『범죄피해자지원센터의 운영현황 및 활성화방안』, 한 국형사정책연구원, 2006.

미야자와 고이치, 장규원 옮김, 『피해자학입문』, 길안사, 1998.

박병식, 『범죄피해자의 인권』, 동국대학교출판부, 2007.

박상기·손동권·이순래, 『형사정책』(제11판), 한국형사정책연구원, 2010.

배종대, 『형사정책』(제8판), 홍문사, 2011.

송길룡, 『형사조정제도 개관 및 시행 매뉴얼』, 대검찰청, 2007.

이윤호, 『피해자학』, 박영사, 2007.

이진국, 「회복적 사법과 형사사법의 관계에 관한 소고」, 『피해자학연 구』 제14권 제2호, 한국피해자학회, 2006.

이호중, 「회복적 사법이념과 형사제재체계의 재편」, 『형사법연구』 제22 권, 한국형사법학회, 2004.

장규원·박순진, 『범죄피해자 보호 및 지원의 효율화 방안연구』, 법무 부, 2006.

최현, 『인권』, 책세상, 2008.

형사소송법 개정특별위원회, 『형사소송법 개정연구』, 한국형사정책연 구원, 2010.

Andrew Karmen, *Crime Victims: An Introduction to Victimology(7th Edition)*, Wadsworth Publishing, 2009.

Benjamin Mendelsohn, "The Victimology", *Etudes Internationale de Psycho-sociologie Criminelle*, July, 1956.

Hans von Hentig, *The Criminal and His Victim: Studies in the Sociology of Crime*, New Haven: Yale University, 1948.

Marvin E. Wolfgang, *Patterns in Criminal Homicide*, Philadelphia: University of Pennsylvania, 1958.

Paul McCold, "The recent history of restorative justice: Mediation, circles, and conferencing", in: Dennis Sullivan and Larry Tifft, *Handbook of Restorative Justice*, NY: Routledge, 2008.

Winfried Hassemer, *Einführung in die Grundlagen des Strafrechts*, 2.Aufl., München: C.H. Beck, 1990.

피해자학 강의

펴낸날   초판 1쇄 2011년 9월 29일

지은이   **장규원**
펴낸이   **심만수**
펴낸곳   **(주)살림출판사**
출판등록 1989년 11월 1일 제9-210호

경기도 파주시 문발동 522-1
전화   031)955-1350   팩스   031)955-1355
기획·편집 031)955-1395
http://www.sallimbooks.com
book@sallimbooks.com

ISBN   978-89-522-1637-3   04080

책임편집 **전두현**